프랑스어권 국가

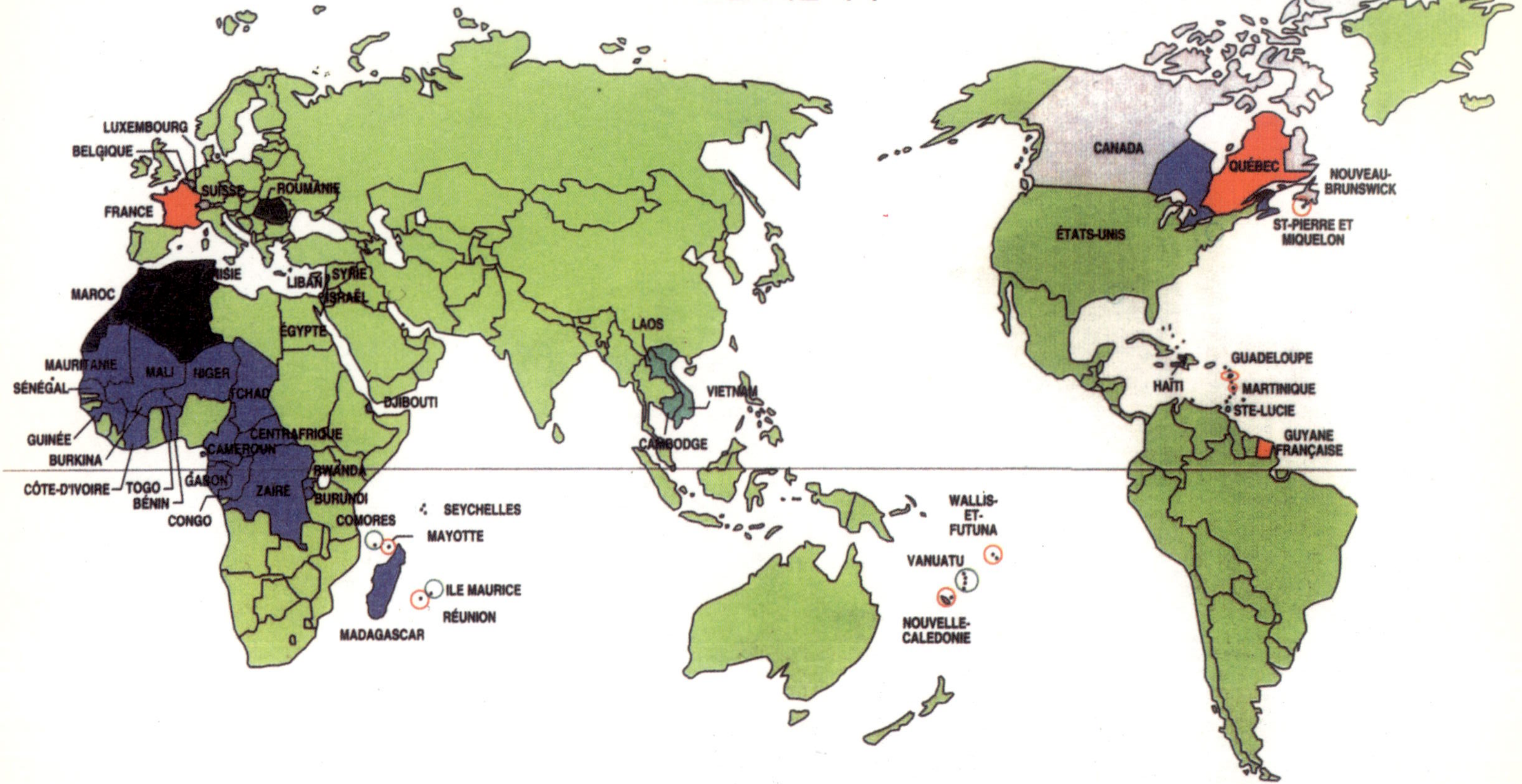

- 프랑스어가 모국어이거나 공용어인 나라 또는 지방
- 프랑스어가 공용어인 지방을 포함하는 나라
- 프랑스어가 공용어이거나 행정어인 나라 또는 지방
- 프랑스어를 말하는 사람들이 소수 포함된 나라
- 프랑스어를 말하는 사람들이 다수 포함된 나라

기초 실용 프랑스어

서 덕 렬 지음

도서출판 만 남

머 리 말

본 기초 실용 프랑스어는 프랑스어를 처음 배우는 학습자들이 보다 효과적으로 가능한 한 짧은 시간 내에 프랑스어에 대한 종합적인 기본 지식을 습득할 수 있도록 난이도를 조절하며 단계적으로 꾸며진 프랑스어 입문서이다.

본서의 형식은 여섯 개 단위로 편성되어 있고 각 단위는 네 개의 과로 이루어져 각 과 모두 대화체로 된 본문, 회화, 표현, 문법, 각 과 학습 이해도를 측정하기 위한 연습문제로 구성되어 있다.

각 과에서 다루는 내용으로는 주로 일상생활과 주변의 화제를 설정하여 프랑스와 한국의 문화적 요소들을 되도록 많이 가미하였고 문장은 구어체 형식으로 구성함으로써 문법 위주의 언어 형식보다는 외국어 교육의 우선적 목표인 의사소통 기능을 강화하는 데 중점을 두면서 전체적으로 일관성 있는 이야기로 전개되어 나간다. 특히 독자들의 프랑스어에 대한 학습 동기를 유발시키기 위해 각 과마다 그림과 함께 일상적으로 자주 사용되는 표현과 구문들을 익히고 사용하는 훈련에 주력할 수 있도록 하였다.

국가간의 교류와 협력이 그 어느 때 보다도 빈번해진 오늘날 외국어 교육의 중요성이 날로 부각되고 있는 가운데, 특히 유럽 통합으로 인해 유럽 문화권 언어의 중요성도 점차 증가해 가고 있다. 더욱이 21세기 정보화 시대를 맞아 인터넷, E-메일 등으로 지역간의 교류가 더욱 활발해짐으로써 이들 지역에 대한 연구가 필요하게 되고 이를 위해서는 해당 국가 언어 습득이 중요한 역할을 하게 된다. 즉 언어는 그 지역 문화의 관습이 배어있는 결정체이기 때문이다. 유럽 통합체제에서 선도적 역할을 하는 프랑스의 언어는 외국어로서 국제 사회에서의 그 위상과 효용성에 비추어 매우 긴요한 언어로 인식되어 가고 있다. 따라서 프랑스어를 학습함으로써 국제

다원화 시대에 유용한 언어적 도구로 활용할 수 있을 것이다.

이 책 원고를 기꺼이 처음부터 끝까지 세심하게 읽고 교정 작업에 많은 도움을 주신 Stéphane COULON 선생님께 진심으로 감사를 드린다.

미진하나마 지은이로서 오랜 시간에 걸쳐 열과 성을 다한 본서가 프랑스어를 배우려는 여러 독자들에게 유익한 길잡이가 되어 주었으면 하는 마음 간절하다.

1999년 1월

저자 서덕렬

TABLE DES MATIÈRES

UNITÉ 4

UNITÉ 5

UNITÉ 6

ALPHABET

A	a	[ɑ]	**N**	n	[ɛn]
B	b	[be]	**O**	o	[o]
C	c	[se]	**P**	p	[pe]
D	d	[de]	**Q**	q	[ky]
E	e	[e, ə]	**R**	r	[ɛːʀ]
F	f	[ɛf]	**S**	s	[ɛs]
G	g	[ʒe]	**T**	t	[te]
H	h	[aʃ]	**U**	u	[y]
I	i	[i]	**V**	v	[ve]
J	j	[ʒi]	**W**	w	[dubləve]
K	k	[kɑ]	**X**	x	[iks]
L	l	[ɛl]	**Y**	y	[igʀɛk]
M	m	[ɛm]	**Z**	z	[zɛd]

PRONONCIATION

1. Voyelles orales simples

[i] : **ici** [isi], st**y**lo [stilo]

[e] : **et** [e], **é**cole [ekɔl]

[ɛ] : p**è**re [pɛːʀ], m**ai** [mɛ]

[a] : s**a**c [sak], t**a**ble [tabl]

[ɑ] : **â**ge [ɑːʒ], p**a**s [pɑ]

[ɔ] : **o**r [ɔːʀ], p**o**rte [pɔʀt]

[o] : **au**ssi [osi], **eau** [o]

[u] : v**ou**s [vu], p**ou**le [pul]

2. Voyelles orales composées

[y] : **u**ne [yn], s**u**r [syʀ]

[ø] : bl**eu** [blø], d**eu**x [dø]

[œ] : j**eu**ne [ʒœn], s**œu**r [sœːʀ]

[ə] : l**e** [lə], m**e**nu [məny]

3. Voyelles orales nasales

[ɛ̃] : p**ain** [pɛ̃], v**in** [vɛ̃]

[ɑ̃] : **enfant** [ɑ̃fɑ̃], l**am**pe [lɑ̃ːp]

[ɔ̃] : m**on** [mɔ̃], p**on**t [pɔ̃]

[œ̃] : **un** [œ̃], parf**um** [paʀfœ̃]

4. Semi-Voyelles

[w] : **ou**i [wi], **oi**seau [wazo]

[ɥ] : l**u**i [lɥi], pl**u**ie [plɥi]

[j] : p**i**ano [pjano], p**i**ed [pje]

5. Consonnes

[b] : **b**as [bɑ], **b**anc [bɑ̃]

[p] : **p**a**p**a [papa], **p**orte [pɔʀt]

[d]: **d**es [de], ma**d**ame [madam]
[f] : **f**emme [fam], neu**f** [nœf]
[g]: **g**arçon [gaʀsɔ̃], **g**rand [gʀɑ̃]
[ʒ]: **j**oli [ʒɔli], **g**enou [ʒənu]
[k]: **c**afé [kafe], **q**ui [ki]
[l]: **l**ait [lɛ], **l**ong [lɔ̃]
[m]: **m**aison [mɛzɔ̃],
ho**mm**e [ɔm]
[n] : **n**ous [nu], **n**ez [ne]
[ʀ] : **r**obe [ʀɔb], a**r**b**r**e [aʀbʀ]
[s] : **s**i [si], **c**e**c**i [səsi]
[t] : **t**u [ty], **t**ê**t**e [tɛt]
[v] : **v**ie [vi], **v**ous [vu]
[z] : **z**éro [zeʀo], sai**s**on [sɛzɔ̃]
[ʃ] : **ch**at [ʃa], bou**ch**e [buʃ]
[ɲ]: monta**gn**e [mɔ̃taɲ],
pei**gn**e [pɛɲ]

Les signes orthographiques

[´] l'accent aigu	é
[`] l'accent grave	à, è, ù
[ˆ] l'accent circonflexe	â, ê, î, ô, û
[¸] la cédille	ç
[¨] le tréma	ë, ï, ü
['] l'apostrophe	l'ami
[-] le trait d'union	est-ce que

Les signes de ponctuation

[.] le point
[,] la virgule
[;] le point-virgule
[:] les deux points
[“”] les guillemets
[?] le point d'interrogation
[!] le point d'exclamation
[…] les points de suspension
[–] le tiret
[( )] les parenthèses

UNITÉ 1

Leçon 1

◈ 부정관사(단수) / 명사의 성

Leçon 2

◈ 부정관사(복수)/ 명사의 수

◈ 의문형 Est-ce que ... ?

Leçon 3

◈ 정관사

◈ 의문문

◈ 부정 ne ~ pas

◈ 모음자 생략

Leçon 4

◈ 축약관사 (I)

Unité 1 ······················ **Leçon 1**

Voici un homme

Voici un homme.
Qui est-ce ?
C'est Monsieur Vincent.

Voilà une femme.
Qui est-ce ?
C'est Madame Vincent.

Voici un garçon.
Qui est-ce ?
C'est Michel.

Voilà une fille.
Qui est-ce ?
C'est Marie.

Voici deux garçons.
Qui est-ce ?
Ce sont Michel et Daniel.

Voilà deux filles.
Qui est-ce ?
Ce sont Marie et Nathalie.

Voici un livre.
C'est un livre.

Voilà une serviette.
C'est une serviette.

Voici un garçon et une fille.
Voilà un livre et une serviette.

Savoir-Parler

Prononciation

1. **oi** [wa] : v**oi**ci [vwasi]   v**oi**là [vwala]
2. **eu** [ø] : d**eu**x [dø]   monsi**eu**r [məsjø]

   프랑스어의 끝 자음은 보통 발음되지 않는다.

3. 연독(Liaison)

한 단어의 발음되지 않는 끝 자음이 모음이나 무성 h로 시작하는 단어에 연결되어 발음되는 경우를 말한다.

c'est [sɛ] → c'est‿un [sɛ-tœ̃]

un [œ̃] → un‿homme [œ̃-nɔm]

Expressions

□ **Voici / Voilà ...**

전치사 또는 부사로 분류되는 특수한 단어로 voici는 가까운 곳에 있는 것을, voilà는 비교적 먼 곳에 있는 것을 가리킨다.

Voici + 명사 (여기에 …이 있다.)

Voilà + 명사 (저기에 …이 있다.)

N. B. 회화체에서 특별히 원근을 나타내지 않을 때에는 보통 voilà를 사용한다.

Voici / **Voilà**	un homme. un garçon. un livre.	**Voici** / **Voilà**	une femme. une fille. une serviette.

□ **Qui est-ce ?**

사람에 대한 질문으로서 성·수에 관계 없이 쓰인다.

Qui est-ce ? — C'est Michel.

Qui est-ce ? — Ce sont Marie et Nathalie.

□ **C'est un / une ...**

C'est + 단수 명사 (이것은 …이다.)

C'est un livre. (이것은 책이다.)

C'est une serviette. (이것은 가방이다.)

Grammaire

— **부정관사(단수) / 명사의 성**

부정관사 단수는 셀 수 있는 한정되지 않은 단수 명사 앞에 쓰이며, 프랑스어의 모든 명사는 남성과 여성으로 나누어진다. 따라서 남성 명사 단수 앞에는 un, 여성 명사 단수 앞에는 une을 쓴다.

un homme — **une** femme

un garçon — **une** fille

N. B. 자연성을 갖는 명사는 그 성을 따르지만 자연성이 없는 명사는 관습에 따라 정해진 문법적 성을 갖는다.

un livre — **une** serviette

사람의 이름 앞에는 관사를 쓰지 않는다.

C'est Michel. C'est Marie.

EXERCICES

1. 부정관사를 넣으시오.

1) C'est _______ homme.　　2) C'est _______ femme.

3) C'est _______ serviette.　　4) C'est _______ livre.

5) Voici _______ garçon.　　6) Voilà _______ fille.

2. 그림을 보고 예와 같이 말하시오.

ex.

Voici un homme.
C'est M. Vincent.

1)

____

____

2)

____

____

3)

____

____

4)

____

____

CORRIGES

1. 1) un
2) une
3) une
4) un
5) un
6) une

2. 1) Voici un garçon.
C'est Daniel.
2) Voici une fille.
C'est Nathalie.
3) Voici un livre.
C'est un livre.
4) Voici une serviette.
C'est une serviette.

Unité 1 .... **Leçon 2**

Qu'est-ce que c'est ?

— Qu'est-ce que c'est ?
— C'est un cahier.

— Qu'est-ce que c'est ?
— C'est une table.

— Qu'est-ce que c'est ?
— C'est un stylo.

— Qu'est-ce que c'est ?
— C'est une chaise.

— Qu'est-ce que c'est ?
— Ce sont des crayons.

— Qu'est-ce que c'est ?
— Ce sont des gommes.

— Est-ce que c'est un sac ?
— Oui, c'est un sac.

— Est-ce que c'est une serviette ?
— Oui, c'est une serviette.

— Est-ce que ce sont des règles ?
— Oui, ce sont des règles.

Savoir-Parler

Prononciation

1. **ai** [ɛ] : ch**ai**se [ʃɛːz] **air** [ɛːʀ]
   ay [ɛj] : cr**ay**on [kʀɛjɔ̃]
   두 개의 모음으로 이루어진 ai는 [ɛ]로, ay는 [ɛj]로 발음된다.
2. **c** [k] : **c**ahier [kaje] sa**c** [sak]
   c는 a, o, u 앞에서는 [k]로, e, i, y, 앞에서는 [s]로 발음된다.
   cf. ce [s(ə)] ciel [sjɛl]

qu[k] : **qu**e [k(ə)] **qu**i [ki]

q는 단어 끝에 오는 경우를 제외하고는 보통 그 뒤에 u가 따라 오는데 이 때 u는 발음되지 않으므로 qu는 [k]로 발음된다.

3. **ch**[ʃ] : **ch**aise [ʃɛːz] bou**ch**e [buʃ]

   두 개의 자음으로 이루어진 ch는 보통 [ʃ]로 발음된다.

4. **ou** + 모음 [w] : **ou**i [wi]

   두 개의 모음으로 이루어진 ou는 [u]로 발음되지만, 또 다른 모음(a, e, i)이 따라붙으면 [w]로 발음이 약화된다.

Expressions

☐ **Qu'est-ce que c'est ?**

사물에 대한 질문으로 성·수에 관계 없이 쓰이며, 대답은 단수이면 c'est ~, 복수이면 ce sont ~ 으로 한다.

Qu'est-ce que c'est ?	— **C'est**	un stylo. une règle.
Qu'est-ce que c'est ?	— **Ce sont des**	sacs. serviettes.

☐ **Est-ce que c'est ~? / Est-ce que ce sont ~ ?**

의문사가 없이 est-ce que를 붙여 만든 의문문으로 긍정 대답(oui) 또는 부정 대답(non)을 요하는 질문 형식이다.

Est-ce que c'est une table ?

— Oui, c'est une table.

Est-ce que ce sont des tables ?

— Non, ce sont des chaises.

Grammaire

1. 부정관사(복수) / 명사의 수

부정관사 복수는 셀 수 있고 한정되지 않은 복수 명사 앞에 쓰이며 명사의 성에 관계 없이 des를 쓴다.

수 \ 성	남 성	여 성
단 수	**un**	**une**
복 수	**des**	

un crayon — **des** crayons

une règle — **des** règles

2. 의문형 : Est-ce que ... ?

평서문 앞에 est-ce que가 붙고 의문 부호를 찍으면 의문문이 된다.

C'est un cahier. → **Est-ce que** c'est un cahier ?

Ce sont des crayons. → **Est-ce que** ce sont des crayons ?

EXERCICES

1. 부정관사를 넣으시오.

1) C'est ______ crayon.
2) C'est ______ gomme.
3) Ce sont ______ sacs.
4) Ce sont ______ règles.
5) C'est ______ chaise.
6) C'est ______ stylo.

2. 그림을 보고 물음에 답하시오.

Qu'est-ce que c'est ?

1)

2)

3)

4)

3. 다음 물음에 긍정으로 답하시오.

1) Est-ce que c'est un livre ?
2) Est-ce que ce sont des hommes ?
3) Est-ce que c'est une règle ?
4) Est-ce que ce sont des femmes ?

CORRIGES

1. 1) un
2) une
3) des
4) des
5) une
6) un

2. 1) C'est un sac.
2) Ce sont des crayons.
3) C'est une table.
4) Ce sont des chaises.

3. 1) Oui, c'est un livre.
2) Oui, ce sont des hommes.
3) Oui, c'est une règle.
4) Oui, ce sont des femmes.

Unité 1 ………………… **Leçon 3**

Qui est-ce ?

— Qui est-ce ?
— C'est Monsieur Vincent, c'est le père de Michel.

— Qui est-ce ?
— C'est Madame Vincent, c'est la mère de Marie.

— C'est un garçon ?
— Non, ce n'est pas un garçon, c'est une fille.
C'est la sœur de Michel.

— C'est une fille ?
— Non, ce n'est pas une fille, c'est un garçon.
C'est le frère de Marie.

— Qu'est-ce que c'est ?
— C'est un appartement, c'est l'appartement de Nathalie.

— Qu'est-ce que c'est ?
— C'est une maison, c'est la maison de Marie.

— Est-ce que c'est un mouchoir ?
— Non, ce n'est pas un mouchoir, c'est une cravate.
C'est la cravate de Monsieur Vincent.

— Est-ce que ce sont des gants ?
— Non, ce ne sont pas des gants, ce sont des foulards.
Ce sont les foulards de Madame Vincent.

Savoir-Parler

Prononciation

1. **ou** [u] : **fou**lard [fulaːʀ]　　　　m**ou**choir [muʃwaːʀ]
   두 개의 모음으로 이루어진 ou는 [u]로 발음된다.
2. **œu** [œ] : s**œu**r [sœːʀ]　　　　c**œu**r [kœːʀ]
   œu는 보통 [œ]로 발음되며, 경우에 따라 [ø]로 발음되기도 한다.
3. **ç** [s] : gar**ç**on [gaʀsɔ̃]　　　　le**ç**on [ləsɔ̃]
   c자 아래에 붙은 cédille(¸)는 모음 a, o, u앞에 오는 c를 [s]로 발음하게 한다.

4. **ill** [ij] : fi**ll**e [fij]　　　　　fam**ill**e [famij]
   [il] : mi**ll**e [mil]　　　　　vi**ll**e [vil]

   ill이 자음 뒤에 있을 경우 [ij] 또는 [il]로 발음된다.

5. **an** [ɑ̃] : g**an**t [gɑ̃]　　　　　ch**an**son [ʃɑ̃sɔ̃]
   on [ɔ̃] : b**on**jour [bɔ̃ʒuːʀ]　　　　　mais**on** [mɛzɔ̃]
   in [ɛ̃] : jard**in** [ʒaʀdɛ̃]　　　　　mat**in** [matɛ̃]

   하나의 모음이 하나의 비강 자음과 결합하여 비모음을 이룬다.

Expressions

□ **정관사 + 명사 + de ...**

소유의 뜻을 가진 전치사 de가 정관사 + 명사와 함께 '…의 어떤 사람' 또는 '…의 어떤 것'을 나타낸다.

C'est	*le frère* *la sœur*	**de**	Marie. Michel.
Ce sont	*les foulards* *les cravates*	**de**	Madame Vincent. Monsieur Vincent.

□ **Non, ce n'est pas ... / Non, ce ne sont pas ...**

Est-ce que c'est ~ ? 또는 Est-ce que ce sont ~ ?으로 이루어지는 의문문에 대한 부정의 대답 형식이다.

Est-ce que c'est un appartement ?

— **Non, ce n'est pas** un appartement.

Est-ce que ce sont des écoles ?
— **Non, ce ne sont pas** des écoles.

Grammaire

1. 정관사

정관사는 한정된 명사 앞에 쓰이며, 남성 명사 단수 앞에는 le, 여성 명사 단수 앞에는 la, 복수 명사는 남성·여성 관계 없이 les를 쓴다.

수 \ 성	남 성	여 성
단 수	**le**	**la**
복 수	**les**	

Voici	*un* homme.		C'est	**le** père de Michel.
	une femme.			**la** mère de Marie.
	des	foulards.	Ce sont **les**	foulards de Nathalie.
		cravates.		cravates de Daniel.

2. Est-ce que c'est ~ ? / C'est ~ ? / Est-ce ~ ?

평서문을 의문문으로 만드는 방법은 세 가지가 있다.

(1) Est-ce que + 평서문 ?

(2) 상승조 억양

(3) 주어, 동사 도치

Est-ce que c'est **C'est** **Est-ce**	un mouchoir ?

Est-ce que ce sont ~ ? / Ce sont ~ ?

Ce sont + 복수 명사 형태의 의문문은 Est-ce que ce sont~? 또는 상승조 억양으로 이루어지며, 주어·동사 도치는 사용되지 않는다.

Est-ce que ce sont **ce sont**	des gants ?

Attention !

~~Sont-ce~~ des gants ?

3. 부정 ne ~ pas

- 프랑스어의 부정은 동사 앞에는 ne, 동사 뒤에는 pas를 써서 표시한다.
- ne 다음에 오는 단어가 모음 또는 무성 h로 시작되는 경우에는 ne가 모음 생략에 의해 n'가 된다.

  Ce **n**'est **pas** un foulard.

  Ce **n**'est **pas** une cravate.

  Ce **ne** sont **pas** des gants.

4. 모음자 생략

정관사 le, la는 모음이나 무성 h로 시작되는 단어 앞에서 l'로 변한다. 이와같이 앞 단어의 끝 모음을 생략하고 apostrophe(') 를 붙이게 되는 현상을 모음 생략(élision)이라 한다.

le, la	l'	a ...	l~~e~~ appartement → **l'**appartement
		e ...	l~~a~~ école → **l'**école
		i ...	l~~e~~ homme → **l'**homme
		o ...	
		u ...	
		h (muet)	

이러한 모음 생략은 ce, ne, que에도 적용된다.

ce	→	**c'**	est	**C'e**st un garçon.
ne	→	**n'**	est	Ce **n'e**st pas une fille.
que	→	**qu'**	est	**Qu'e**st-ce que **c'e**st ?

EXERCICES

1. 알맞은 정관사를 넣으시오.

1) C'est _______ mouchoir de Daniel.
2) C'est _______ cravate de Monsieur Vincent.
3) Ce sont _______ foulards de Nathalie.
4) C'est _______ maison de Michel.
5) C'est _______ appartement de Daniel.
6) Ce sont _______ gants de Madame Vincent.

2. 다음 문장을 의문문으로 고치시오.

1) C'est un garçon.

2) Ce sont des cravates.

3) C'est une table.

4) C'est un mouchoir.

5) Ce sont des maisons.

6) C'est une dame.

3. 다음 문장에 대응하는 의문문을 쓰시오.

ex. C'est Michel.

→ *Qui est-ce* ?

1) C'est un stylo.

2) Ce sont Monsieur et Madame Vincent.

3) Ce sont des serviettes.

4) C'est Marie.

5) Oui, c'est une table.

6) Non, ce ne sont pas des cravates, ce sont des gants.

4. 그림을 보고 물음에 답하시오.

ex. **Est-ce que c'est un garçon ?**

→ ***Non, ce n'est pas un garçon, c'est une fille.***

1) 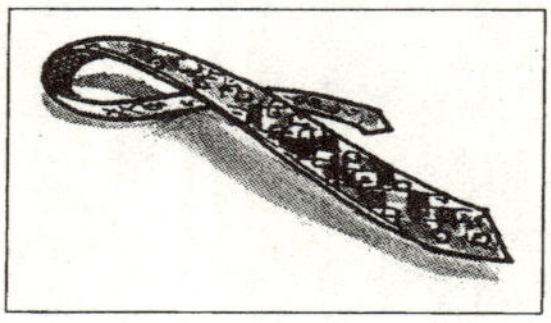

Est-ce que c'est un foulard ?

____

2) 

Est-ce que c'est une serviette ?

____

3) 

Est-ce que ce sont des livres ?

____

4) 

Est-ce que c'est un crayon ?

____

CORRIGES

1. 1) le 2) la 3) les
4) la 5) l' 6) les

2. 1) Est-ce que c'est un garçon ?
2) Est-ce que ce sont des cravates ?
3) Est-ce que c'est une table ?
4) Est-ce que c'est un mouchoir ?
5) Est-ce que ce sont des maisons ?
6) Est-ce que c'est une dame ?

3. 1) Qu'est-ce que c'est ?
2) Qui est-ce ?
3) Qu'est-ce que c'est ?
4) Qui est-ce ?
5) Est-ce que c'est une table ?
6) Est-ce que ce sont des cravates ?

4. 1) Non, ce n'est pas un foulard, c'est une cravate.
2) Non, ce n'est pas une serviette, c'est un sac.
3) Non, ce ne sont pas des livres, ce sont des cahiers.
4) Non, ce n'est pas un crayon, c'est un stylo.

Unité 1 ······················ Leçon 4

Dans la salle de classe

Voici un livre.
C'est le livre du professeur.
Voilà des cahiers.
Ce sont les cahiers des élèves.

— Qu'est-ce que c'est ?
— C'est la table du professeur.
— Qu'est-ce que c'est ?
— Ce sont les pupitres des élèves.

Le professeur est devant le tableau noir. Et les élèves sont derrière les pupitres.

— Est-ce qu'il y a un livre sur la table du professeur ?
— Oui, il y a un livre sur la table du professeur.
— Qu'est-ce qu'il y a sur les pupitres des élèves ?
— Il y a un livre, un cahier et un crayon sur les pupitres des élèves.
— Est-ce qu'il y a des élèves dans la cour ?
— Non, il n'y a pas d'élèves dans la cour.
Les élèves sont dans la salle de classe.

Savoir-Parler

Prononciation

1. **eu** [œ] : profess**eur** [pʀɔfɛsœːʀ]　　　fl**eur** [flœːʀ]
   두 개의 모음으로 이루어진 eu는 [œ] 또는 [ø]로 발음된다.
   cf. d**eu**x [dø]　　monsi**eur** [məsjø]
2. **i(y)** + 모음 [j] : derr**iè**re [dɛʀjɛʀ]　il **y a** [ilja]
   i(y)에 모음이 따라붙으면 [i] 발음이 [j]로 약화된다.
3. 모음 + **s** + 모음 [z] : chaise [ʃɛːz]　maison [mɛzɔ̃]
   s가 모음 사이에 놓으면 [z]로 발음된다.
4. **eau** [o] : tabl**eau** [tablo]　b**eau** [bo]

세 개의 모음이 함께 이루어진 eau는 [o]로 발음되는데 [ɔ]보다 더 뒤에서 내는 소리이다.

Expressions

□ **Est-ce qu'il y a (= Y a-t-il) ... ? / Il y a ...**

Il y a ...의 구문도 문두에 est-ce que가 오거나 주어 동사가 도치되어 의문문을 이룬다.

Est-ce qu'il y a un livre sur la table ?

= **Y a-t-il** un livre sur la table ?

Il y a ...는 비인칭 구문으로 '…이 있다'라는 표현으로 쓰인다.

Il y a un livre sur la table.

Il y a des élèves dans la classe.

Attention !

Il y a ...가 부정이 되면 명사 앞에 오는 부정관사(un, une, des)는 de로 변한다.

Il n'y a pas **de** livre sur la table.

Il n'y a pas **d'**élèves dans la classe.

□ **Qu'est-ce qu'il y a (= Qu'y a-t-il) ... ?**

'무엇이 있습니까 ?'의 표현으로 두 가지가 사용된다.

Qu'est-ce qu'il y a (ou **Qu'y a-t-il**) sur la table ?

Qu'est-ce qu'il y a (ou **Qu'y a-t-il**) dans la classe ?

— **Il y a**	un livre sur la table. des élèves dans la classe.

Qu'est-ce qu'il y a	sous la table ? devant la maison ?

— **Il y a**	une serviette sous la table. des fleurs devant la maison.

☐ **devant / derrière, sur / sous, dans**

장소를 나타내는 전치사로 사용된다.

Le professeur est **devant** le tableau noir. (…앞에)

Le tableau noir est **derrière** le professeur. (…뒤에)

Il y a un livre **sur** la table. (…위에)

Il y a une chaise **sous** la table. (…아래에)

Le professeur et les élèves sont **dans** la salle de classe. (…안에)

Grammaire

— **축약관사 (I)**

전치사 de와 정관사 le, les가 결합하여 축약관사를 만든다.

de + le → **du**
de + les → **des**

C'est la table **du** professeur.

Ce sont les chaises **des** élèves.

Attention !
정관사가 모음이나 무성 h 앞에서는 모음 생략이 되고 여성 단수일 경우에는 축약되지 않는다.

C'est le livre *de* | *l'*élève. / *la* fille.

EXERCICES

1. 빈 칸에 알맞은 정관사와 축약관사를 넣으시오.

1) C'est ______ stylo ______ professeur.
2) C'est ______ chaise ______ garçon.
3) Ce sont ______ crayons ______élèves.
4) Ce sont ______ cravates ______ hommes.
5) Voici ______ serviette ______ garçon.
6) Voilà ______ sacs ______ filles.

2. 그림을 보고 답하시오.

1)

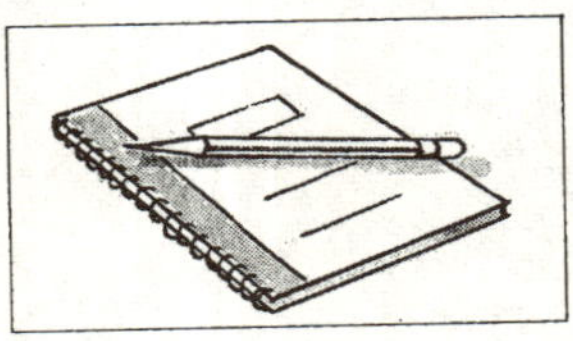

Le crayon est ____ le cahier.

2)

Le tableau noir est ____ le professeur.

3) 

La règle est
_____ le livre.

4) 

Le professeur est
_____ les élèves.

3. 그림을 보고 물음에 답하시오.

1) 

Qu'est-ce qu'il y a sur la table ?

____

2) 

Qu'est-ce qu'il y a dans le jardin ?

____

3) 

Est-ce qu'il y a des livres dans la serviette ?

____

4) 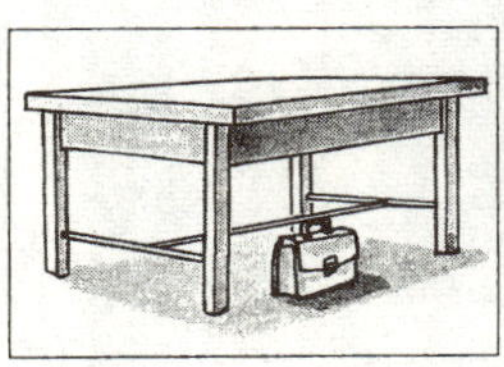

Est-ce qu'il y a un sac sous la table ?

____

4. 물음에 부정으로 답하시오.

ex. Est-ce qu'il y a une table dans la chambre ?

→ *Non, il n'y a pas de table dans la chambre.*

1) Est-ce qu'il y a une serviette sur la table ?

2) Est-ce qu'il y a un mouchoir dans le sac ?

3) Est-ce qu'il y a des gants sous la chaise ?

4) Est-ce qu'il y a un appartement derrière la maison ?

5) Est-ce qu'il y a des élèves devant le professeur ?

CORRIGES

1. 1) le, du 2) la, du 3) les, des
4) les, des 5) la, du 6) les, des

2. 1) sur 2) derrière 3) sous 4) devant

3. 1) Il y a un livre.
2) Il y a des fleurs.
3) Oui, il y a des livres dans la serviette.
4) Oui, il y a un sac sous la table.

4. 1) Non, il n'y a pas de serviette sur la table.
2) Non, il n'y a pas de mouchoir dans le sac.
3) Non, il n'y a pas de gants sous la chaise.
4) Non, il n'y a pas d'appartement derrière la maison.
5) Non, il n'y a pas d'élèves devant le professeur.

Chanson

Frère Jacques

UNITÉ 2

Leçon 5
- ◈ 동사 être
- ◈ 인칭대명사
- ◈ 의문대명사 (I)
- ◈ 명사의 복수 (I)
- ◈ 명사의 여성형

Leçon 6
- ◈ 동사 avoir
- ◈ 형용사의 변화 (I)
- ◈ 명사의 복수 (II)

Leçon 7
- ◈ 1군 동사
- ◈ 소유형용사
- ◈ 형용사의 변화 (II)

Leçon 8
- ◈ 지시형용사
- ◈ 축약관사 (II)

Unité 2 ……………………Leçon 5

Monsieur et Madame Vincent

Voilà Monsieur et Madame Vincent. Ce sont les parents de Michel et de Marie.

— Bonjour Madame, bonjour Monsieur.
— Bonjour Mademoiselle.
— Vous êtes Monsieur Vincent ?
— Oui, je suis Monsieur Vincent.
— Vous êtes Madame Vincent ?
— Oui, je suis la femme de Monsieur Vincent.
— Monsieur Vincent est professeur ?
— Non, il n'est pas professeur, il est médecin.
— Monsieur et Madame Vincent, vous êtes Français ?
— Oui, nous sommes Français.

— Où est Michel ?
— Il est dans la salle à manger.
— Où est Marie ?
— Elle est à côté de la fenêtre.
— Ils sont lycéens ?
— Non, ils sont étudiants.

— Qui êtes-vous ?

— Je suis Mademoiselle Kim.

— Vous êtes Japonaise ?

— Non, je suis Coréenne.

— Vous êtes étudiante ?

— Oui, je suis étudiante.

Savoir-Parler

Prononciation

1. u + 모음 [ɥ] : s**ui**s [sɥi] n**ui**t [nɥi]

2. e의 발음 [ə] : d**e** [də] l**e** [lə]

[e] : **é**tudiant [etydiɑ̃] lyc**é**en [liseɛ̃]

[ɛ] : fen**ê**tre [f(ə)nɛtʀ] él**è**ve [elɛːv]

e는 세 가지로 발음되는데, 특히 [ə]로 발음될 때는 보통 e가 단어 끝에 있을 경우이다.

3. **g** + **a, o, u** [g] : **ga**rçon [gaʀsɔ̃]　　**go**mme [gɔm]
guitare [gitaːʀ]
+ **e, i, y** [ʒ] : man**ge**r [mɑ̃ʒe]　　**gi**let [ʒilɛ]
gymnastique [ʒimnastik]

g는 a, o, u 앞에서는 [g]로, e, i, y 앞에서는 [ʒ]로 발음된다.

Expressions

☐ **Où ... ?**

장소를 나타내는 의문부사

Où + être + 주어 … ? (…은 어디에 있습니까 ?)

Où es-tu ?　　— Je suis dans la chambre.

Où êtes-vous ?　　— Nous sommes dans la cour.

☐ **à côté de**　…의 옆에, 곁에

Sylvie est **à côté du** piano.

Pierre est **à côté de** la fenêtre.

Grammaire

1. 동사 être

- 자동사로서 '있다', '존재하다'의 뜻으로, 보통 장소를 나타내

는 보어가 따라온다.

Je **suis** dans la salle à manger.

Nous **sommes** dans la salle de classe.

• 속사와 함께 '…이다'의 뜻으로, être의 주어 속사가 직업, 신분, 국적을 나타낼 때 관사는 생략된다.

Il **est** médecin.

Ils **sont** étudiants.

Vous **êtes** Français.

N. B. — tu와 être 동사의 결합에서는 모음 생략이 일어나지 않는다.

— il/elle과 être 동사의 결합은 자연스럽게 붙여 읽는다.

— vous와 결합되는 être 동사는 연독한다.

je	**suis** [ʒəsɥi]	je	**ne suis pas**
tu	**es** [tyɛ]	tu	**n'es pas**
il(elle)	**est** [ilɛ, ɛlɛ]	il(elle)	**n'est pas**
nous	**sommes** [nusɔm]	nous	**ne sommes pas**
vous	**êtes** [vuzɛt]	vous	**n'êtes pas**
ils(elles)	**sont** [ilsɔ̃, ɛlsɔ̃]	ils(elles)	**ne sont pas**

Suis-je .... ?	Est-ce que je **suis** .... ?
Es-tu .... ?	Est-ce que tu **es** .... ?
Est-il(elle) .... ?	Est-ce qu'il(elle) **est** .... ?
Sommes-nous .... ?	Est-ce que nous **sommes** .. ?
Êtes-vous .... ?	Est-ce que vous **êtes** ...... ?
Sont-ils(elles) .... ?	Est-ce qu'ils(elles) **sont** .. ?

2. 인칭대명사 : Il/Elle, Ils/Elles

- 인칭대명사 il과 elle은 사람 또는 사물을 대신하는 3인칭 단수 남성 · 여성형으로 사용된다.
- 인칭대명사 ils과 elles도 사람 또는 사물을 대신하는 3인칭 복수 남성 · 여성형으로 사용된다.

Où est	Pierre ? le livre ?	— **Il** est	dans la salle de classe. sur la table.
Où est	Sylvie ? la serviette ?	— **Elle** est	dans la chambre. sous la table.
Où sont	les garçons ? les arbres ?	— **Ils** sont	dans la cour. dans le jardin.
Où sont	les filles ? les fleurs ?	— **Elles** sont	à l'école. dans le vase.

3. 의문대명사 (I) : Qui

- 사람을 가리키는 의문대명사로서 사물에는 사용할 수 없다.
- 제 3자에 대해 물을 때는 Qui est-ce ? 또는 Qui est-il/elle ?의 두가지 표현이 가능하다.

Qui êtes-vous ? — Je suis Sophie.
Qui est-ce ? — C'est Michel.

Qui est	-il ? -elle ?	—	Il Elle	est	M. Vincent. Mme Vincent.

4. 명사의 복수 (I)

명사의 복수형은 보통 단수형에 s를 붙인다.

un étudiant — des étudiants

une étudiante — des étudiantes
un lycéen — des lycéens
une lycéenne — des lycéennes

5. 명사의 여성형

- 남성 명사의 어미에 e를 붙인다.

  Français — Françai**se** Japonais — Japonai**se**

- 남성 명사의 어미가 n으로 끝난 경우 보통 마지막 자음을 중복해 쓰고 e를 붙인다.

  Coréen — Coréen**ne** lycéen — lycéen**ne**

Nombres (I)

0	zéro [zeʀo]	6	six [sis]
1	un [œ̃], une [yn]	7	sept [sɛt]
2	deux [dø]]	8	huit [ɥit]
3	trois [tʀwɑ]	9	neuf [nœf]
4	quatre [katʀ]	10	dix [dis]
5	cinq [sɛ̃ːk]		

Attention !

cinq	livres →	[sɛ̃]	*mais*			
six		[si]		sept	livres →	[sɛt]
huit		[ɥi]		neuf		[nœf]
dix		[di]				

EXERCICES

1. 빈 칸에 être 동사를 알맞게 변화시켜 넣으시오.
   1) Je ______ étudiant.
   2) Vous ______ Français.
   3) Pierre ______ dans la chambre.
   4) Où ______-tu ?
   5) Nous ______ Coréens.
   6) Elles ______ à l'école ?

2. 그림을 보고 물음에 답하시오.

1) Où est le professeur ?

____

2) Où sont les fleurs ?

____

3) Où est la jeune fille ?

____

4) Où sont les livres ?

____

3. 본문을 읽고 다음 물음에 답하시오.

1) M. Vincent est médecin ?

2) Michel est dans la chambre ?

3) Où est Marie ?

4. 다음 우리말을 프랑스어로 옮기시오.

1) 나는 한국 사람입니다.

2) 당신은 어디 있습니까 ?

CORRIGES

1\. 1) suis 2) êtes 3) est
4) es 5)sommes 6) sont

2\. 1) Il est devant le tableau noir.
2) Elles sont dans le jardin.
3) Elle est à côté du piano.
4) Ils sont sur la table.

3\. 1) Oui, il est médecin.
2) Non, il est dans la salle à manger.
3) Elle est à côté de la fenêtre.

4\. 1) Je suis Coréen.
2) Où êtes-vous ?

Unité 2 ……………… Leçon 6

Michel et Marie

Monsieur et Madame Vincent ont un fils et une fille. Ils sont à Paris depuis longtemps.

— Michel, tu as des sœurs ?
— Oui, j'ai une sœur. C'est Marie.
— Tu as des frères aussi ?
— Non, je n'ai pas de frères.
— Quel âge as-tu ?
— J'ai dix-neuf ans.
— Et Marie, quel âge a-t-elle ?
— Elle a vingt et un ans.

Michel a une tête ronde, un visage rouge et des cheveux bruns. Il a deux bras et deux jambes solides. Michel est fort.

— Où est Marie ?
— Elle est à l'université. Elle a beaucoup de cours aujourd'hui.

— Combien de cours a-t-elle par jour ?
— Elle a quatre ou cinq cours par jour. En général, les étudiants français ont beaucoup de cours.

Marie est grande et mince. Elle a les cheveux blonds et les yeux bleus. Marie est belle.

Savoir-Parler

Prononciation

1. **am** [ɑ̃] : j**am**be [ʒɑ̃:b]　　chambre [ʃɑ̃:bʀ]
2. **om** [ɔ̃] : c**om**bien [kɔ̃bjɛ̃]　　n**om**bre [nɔ̃:bʀ]
   on [ɔ̃] : r**on**d [ʀɔ̃]　　bl**on**d [blɔ̃]
3. **un** [œ̃] : br**un** [bʀœ̃]　　l**un**di [lœ̃di]

위 철자들은 다음에 자음자가 오거나 단어 끝에 오면 비음이 된다. 그러나 n 또는 m 다음에 모음자가 오면 비음을 이루지 않는다.

cf. **am**éricain [ameʀikɛ̃]

Expressions

□ **Quel âge ... ?**

avoir 동사와 함께 나이를 묻는 표현으로, 물음에서는 âge, 대답에서는 an이라는 단어를 사용한다.

Quel âge	as-tu ? avez-vous ?

— J'ai 17 ans.

□ **Combien de ... ? / beaucoup de**

수량을 나타내는 명사와 함께 쓰며, combien de는 '얼마나 많은 … ?' beaucoup de는 '많은 …'의 뜻을 가진다.

Combien	**de** livres **d'**amis	as-tu ? avez-vous ?
Combien	as-tu avez-vous	**de** livres ? **d'**amis ?
— J'ai	deux **beaucoup de**	livres.
— J'ai	trois **beaucoup d'**	amis.

□ **depuis**

시간을 나타낼 때 '…전부터', '…이래로'의 뜻이다.

Je suis là **depuis** ce matin.

Il est à Séoul **depuis** six mois.

Grammaire

1. 동사 avoir

직접목적보어를 갖는 타동사로서 '…을 가지다'의 뜻으로 사용된다.

j'	**ai** [ʒe]	je	**n'ai pas**
tu	**as** [tyɑ]	tu	**n'as pas**
il(elle)	**a** [ila, ɛla]	il(elle)	**n'a pas**
nous	**avons** [nuzavɔ̃]	nous	**n'avons pas**
vous	**avez** [vuzave]	vous	**n'avez pas**
ils(elles)	**ont** [ilzɔ̃, ɛlzɔ̃]	ils(elles)	**n'ont pas**
Ai-je ………… ?		**Avons**-nous ………… ?	
As-tu ………… ?		**Avez**-vous ………… ?	
A-t-il(elle) ………… ?		**Ont**-ils(elles) ………… ?	

N. B. — tu와 avoir동사의 결합에서 모음 생략이 일어나지 않는다.

— 복수 인칭들과 avoir 동사가 결합할 때는 반드시 연독해야 하며, 이 때 s는 [z]로 발음된다.

— 의문형이 되면 단수 3인칭에서 avoir 동사와 인칭대명사(il, elle) 간의 모음 충돌을 피하기 위하여 자음 t를 삽입한다.

Attention !

avoir와 같은 타동사가 부정형이 되면 직접목적보어 앞에 오는 부정관사는 de로 대체된다.

Aujourd'hui, je **n'ai pas de** cours.

2. 형용사의 변화 (I)

(1) 형용사는 수식하는 명사의 성·수에 따라 변화하는데 일반적으로 남성 단수 형용사에 e를 붙이면 여성 단수형이 되고, s를 붙이면 남성 복수형, es를 붙이면 여성 복수형이 된다.

수 \ 성	남 성	여 성
단 수	**grand**	**grand*e***
복 수	**grand*s***	**grand*es***

Il est **grand**. Elle est **grande.**

Ils sont **grands**. Elles sont **grandes.**

(2) e로 끝나는 형용사는 남성형과 여성형이 동일하다.

roug*e* — roug*e* minc*e* — minc*e*

(3) 어떤 형용사는 모음 또는 무성 h로 시작하는 명사 앞에서 남성 단수 제 2형을 쓰며, 여성 단수는 이 남성 단수 제 2형에서 만들어진다.

beau*(bel)* — *belle*

nouveau*(nouvel)* — *nouvelle*

bel : **bel** ami **bel** homme

nouvel : **nouvel** an **nouvel** homme

3. 명사의 복수 (II)

(1) 특수한 복수형을 갖는 명사

un œil — des **yeux**

(2) 단수의 어미가 eu인 명사는 x를 붙인다.

un chev*eu* — des chev**eux** un nev*eu* — des nev**eux**

(3) 단수의 어미가 eau인 명사는 x를 붙인다.

un chap*eau* — des chap**eaux** un cout*eau* — des cout**eaux**

EXERCICES

1. 빈 칸에 avoir 동사를 알맞게 변화시켜 넣으시오.

1) J' ______ un livre.

2) Il ______ des frères.

3) Nous n' ______ pas d'enfant.

4) Combien de cours ______-vous ?

5) ______-tu un sac ?

6) Elles ______ des robes.

2. 물음에 부정으로 답하시오.

1) Avez-vous des enfants ?

2) A-t-elle une robe ?

3) Est-ce que c'est un crayon ?

4) Y a-t-il des élèves dans la salle de classe ?

3. 그림을 보고 답하시오.

1) 

Elle a ________.

2) 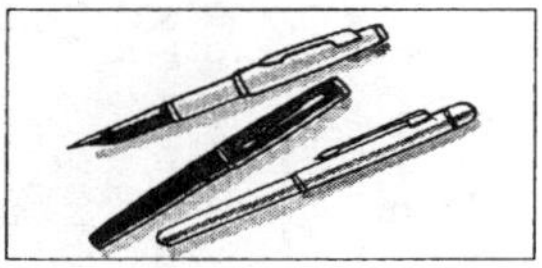

Ils ont ________.

3) 

Il y a ________ dans le vase.

4) 

J'ai ________.

4. 본문을 읽고 다음 물음에 답하시오.

1) M. et Mme Vincent ont combien d'enfants ?
2) Michel a combien de sœurs ?
3) Est-ce que Michel a des frères ?
4) Marie a quel âge ?
5) Marie est à la maison ?
6) Est-ce que Marie a les cheveux bruns ?

CORRIGES

1. 1) ai 2) a 3) avons
   4) avez 5) As 6) ont

2. 1) Non, je n'ai pas d'enfants.
   2) Non, elle n'a pas de robe.
   3) Non, ce n' est pas un crayon.
   4) Non, il n'y a pas d'élèves dans la salle de classe.

3. 1) des chapeaux 2) des stylos
   3) des fleurs 4) des livres

4. 1) Ils ont deux enfants.
   2) Il a une sœur.
   3) Non, il n'a pas de frères.
   4) Elle a vingt et un ans.
   5) Non, elle est à l'université.
   6) Non, elle a les cheveux blonds.

Unité 2 ··················· **Leçon 7**

La famille Vincent

Mingui : Combien de personnes y a-t-il dans ta famille ?

Michel : Dans ma famille, il y a six personnes : mon grand-père, ma grand-mère, mon père, ma mère, ma sœur et moi.

Mingui : Est-ce que tes grands-parents sont vieux ?

Michel : Oui, ils sont très vieux, mais ils sont toujours en bonne santé.

Mingui : Où est-ce qu'il travaille, ton père ?

Michel : Il travaille dans un hôpital. Il est médecin.

Mingui : Et ta mère ?

Michel : Elle travaille dans un lycée. Elle est professeur.

Mingui : Est-ce que tes parents sont vieux ou jeunes ?

Michel : Ils ne sont ni vieux ni jeunes.

Mingui : Ta sœur, elle travaille ?

Michel : Oui, elle travaille à l'université. Elle est étudiante.

Mingui : Ah ! Il y a une belle voiture là-bas, c'est ta voiture ?

Michel : Non, ce n'est pas ma voiture. C'est la voiture de mon père.

Mingui : Ah bon, elle est à lui !

Savoir-Parler

Prononciation

1. **u** [y] : voiture [vwaty:ʀ] nature [naty:ʀ]
   [u] 발음할 때와 같은 입모양을 하고 실제 발음은 [i]로 한다.
2. 연독 (Liaison)
   연독에 의해 자음 d는 [t]로, f는 [v]로, g는 [k]로, s와 x는 [z]로 변화되어 발음된다.

   d [t] : grand‿*a*rbre [gʀɑ̃taʀbʀ]

   f [v] : neuf‿*a*ns [nœvɑ̃]

g [k] : long *h*iver [lɔ̃kivɛːʀ]

s [z] : les *é*tudiants [lezetydjɑ̃]   les *y*eux [lezjø]

x [z] : deux *a*mis [døzami]

cf. neuf의 f는 ans이나 heures 앞에서는 [v]로 발음되지만, 그 밖의 경우에는 [f]로 발음된다 : neuf arbres [nœfaʀbʀ]

Expressions

☐ **être en bonne santé** 건강이 좋다

Vous **êtes en bonne santé ?**

(당신은 건강하십니까 ?)

Mes parents **sont** toujours **en bonne santé.**

(나의 부모님은 항상 건강하시다.)

☐ **ne ~ ni ~ ni** …도 …도 아니다

부정하려는 말이 계속될 때 사용하는 표현이며, 명사가 오는 경우 보통 관사가 생략된다.

Je **n'**ai **ni** frère **ni** sœur.

(나는 형도 누나도 없다.)

Il **n'**est **ni** beau **ni** laid.

(그는 잘 생기지도 못 생기지도 않았다.)

☐ **être à** *qn* …의 것이다

소유의 개념을 나타내는 표현이다.

Ce livre **est à** *Pierre.*

(이 책은 피에르의 것이다.)

Cette voiture **est à** *M. Vincent.*
(이 자동차는 벵쌍 씨의 것이다.)
<피소유물이 남성인 경우>
Il **est à** *qui* ?　(= **À** *qui* **est**-il ?)
(그것은 누구의 것이냐 ?)
<피소유물이 여성인 경우>
Elle **est à** *qui* ?　(= **À** *qui* **est**-elle ?)
(그것은 누구의 것이냐 ?)
C'**est à** *qui* ?　　　　— C'**est à** *moi.*
(이것은 누구의 것이냐 ?)　(이것은 내 것이다.)

Grammaire

1. 1군 동사(-*er*) : parler

동사 원형의 어미가 -er로 끝나고 규칙적인 변화를 한다.

어미	긍 정 형	부 정 형	의 문 형
-e	je parl**e**	je ne parl**e** pas	Est-ce que je parl**e** ?
-es	tu parl**es**	tu ne parl**es** pas	Parl**es**-tu ?
-e	il(elle) parl**e**	il(elle) ne parl**e** pas	Parl**e**-t-il(elle) ?
-ons	nous parl**ons**	nous ne parl**ons** pas	Parl**ons**-nous ?
-ez	vous parl**ez**	vous ne parl**ez** pas	Parl**ez**-vous ?
-ent	ils(elles) parl**ent**	ils(elles) ne parl**ent** pas	Parl**ent**-ils(elles) ?

N. B. — 프랑스어의 동사는 각 인칭과 수에 따라 어미가 변화하는데 이러한 어미를 활용 어미라 한다.

— 단수 1, 2, 3인칭 동사 어미 -e, -es, -e와 복수 3인칭 -ent는 발음하지 않는다.

— 단수 1인칭 의문형은 도치법으로 이루어지지 않고 est-ce que를 써서 의문형을 만든다.

— 단수 3인칭 의문형에서 모음 충돌을 피하기 위해 자음 t가 삽입된다.

2. 소유형용사

- 소유 개념을 나타내면서 명사를 한정하는 형용사이다.
- 피소유물의 성·수에 따라 변화한다.
- 피소유물이 복수일 때는 남성·여성형이 동일하고, 소유자가 복수이면서 피소유물이 단수일 때도 남성·여성형은 동일하다.

단수				복수	
mon **ton** **son**	père	**ma** **ta** **sa**	mère	**mes** **tes** **ses**	frères sœurs parents
notre **votre** **leur**	père	**notre** **votre** **leur**	mère	**nos** **vos** **leurs**	frères sœurs parents

Attention !

ma *ta* *sa*	+ 모음 또는 무성 h →	**mon** **ton** **son**

ma amie → **mon** amie
ta école → **ton** école
sa histoire → **son** histoire

3. 형용사의 변화 (II)

vieux(vieil)	- vieille
vieux	- vieilles

Attention !

vieux + 모음 또는 무성 h → **vieil** : **vieil** ami
vieil homme

EXERCICES

1. 괄호 안의 동사를 알맞게 변화시켜 넣으시오.
   1) Tu (travailler) ______ aujourd'hui ?
   2) Nous (regarder) ______ le jardin.
   3) Vous (aimer) ______ la France ?
   4) Elle (chanter) ______ bien.
   5) Ils (habiter) ______ à Paris.

2. 주어에 알맞은 소유형용사를 넣으시오.

   1) J'ai ______ livre et ______ cahiers.
   2) Il aime ______ femme.
   3) Ils ont ______ maisons.
   4) Nous travaillons avec ______ professeur.
   5) Vous êtes avec ______ amie.

3. 그림을 보고 예와 같이 말하시오.

ex.

C'est ton livre ?
— Oui, *c'est mon livre.*

1)

2)

3)

4)

4. 본문을 읽고 다음 물음에 답하시오.

1) Combien de personnes y a-t-il dans la famille Vincent ?

2) Est-ce que les grands-parents de Michel sont jeunes ?

3) Que fait son père dans la vie ?

4) Et sa mère, que fait-elle ?

5) Où est-ce que sa sœur étudie ?

6) La voiture est à Michel ?

BIARRITZ (PYRÉNÉES-ATLANTIQUES)

CORRIGES

1. 1) travailles 2) regardons 3) aimez
4) chante 5) habitent

2. 1) mon, mes 2) sa 3) leurs
4) notre 5) votre

3. 1) C'est ton sac ? — Oui, c'est mon sac.
2) Ce sont tes cahiers ? — Oui, ce sont mes cahiers.
3) C'est ta voiture ? — Oui, c'est ma voiture.
4) Ce sont tes stylos ? — Oui, ce sont mes stylos.

4. 1) Il y a six personnes.
2) Non, ils sont très vieux.
3) Il est médecin.
4) Elle est professeur.
5) Elle étudie à l'université.
6) Non, elle est à son père.

Unité 2 ……………………… **Leçon 8**

Où habites-tu ?

Voici une maison. C'est la maison des Vincent. Cette maison n'est pas grande, mais elle est jolie et très agréable. Dans cette maison, il y a un étage et un rez-de-chaussée. La maison des Vincent est en banlieue de Paris.

Sophie : Salut, Michel !
Michel : Salut, Sophie !
Sophie : Où habites-tu ?
Michel : J'habite dans cette maison.
Sophie : Combien de pièces y a-t-il ?
Michel : Il y a cinq pièces.
Sophie : Qu'est-ce qu'il y a au rez-de-chaussée ?
Michel : Il y a un salon, une salle à manger, une cuisine et une salle de bains.
Sophie : Où est ta chambre ?
Michel : Elle est au premier étage. Au premier, il y a aussi deux autres chambres pour mes parents et ma sœur.

Maintenant, Michel et Sophie sont devant le jardin.

Ils regardent des fleurs et des arbres.

Sophie : Est-ce que tu aimes ce jardin ?
Michel : Bien sûr, j'aime beaucoup ce jardin. J'adore ces fleurs-ci et ces arbres-là. Enfin, j'aime la nature.

Savoir-Parler

Prononciation

1. **ain** [ɛ̃] : b**ain** [bɛ̃]　　m**ain** [mɛ̃]
   in [ɛ̃] : enf**in** [ɑ̃fɛ̃]　　jard**in** [ʒaʀdɛ̃]
   ain과 in은 모두 비음을 이룬다.
2. **ien** [jɛ̃] : b**ien** [bjɛ̃]　　r**ien** [ʀjɛ̃]
3. **au** [o] : ch**au**ssée [ʃose]　　**au**tre [o:tʀ]
   au는 [o] 또는 [ɔ]로 발음된다.
4. **ss** [s] : au**ss**i [osi]　　a**ss**ez [ase]
   두 모음자 사이에 s가 하나 있을 때는 [z]로 발음되지만, 둘일 경우에는 [s]로 발음된다.

Expressions

□ **habiter** (…에) 살다

Où **habitez**-vous ? (당신은 어디 사십니까 ?)

— **J'habite** à Paris. (나는 파리에 삽니다.)

cf. habiter는 타동사와 자동사로 쓰이며, 자동사의 경우 전치사가 붙는다.

J'habite Séoul. (= **J'habite** à Séoul.)

□ **aussi** 역시, 또한

Sophie aime la musique. Michel **aussi** aime la musique.

(소피는 음악을 좋아한다. 미셸 역시 음악을 좋아한다.)

Il aime la montagne, il aime **aussi** la mer.

(그는 산을 좋아하고 바다도 좋아한다.)

□ **Bien sûr (= Bien entendu)** 물론

Vous aimez vos enfants ?

(당신의 아이들을 사랑하십니까 ?)

— **Bien sûr.** (물론이죠.)

□ **adorer (= aimer beaucoup)** 아주 좋아하다

Vous aimez Paris ?

(당신은 파리를 좋아하십니까 ?)

— Oui, j'**adore** la vie ici.

(네, 여기서의 생활을 아주 좋아합니다.)

Grammaire

1. 지시형용사

- 명사 앞에 놓여 사람 또는 사물을 지시해 주는 형용사이다.
- 명사의 성·수에 따라 다른 형태를 갖는다.

수 \ 성	남 성	여 성
단 수	**ce(cet)**	**cette**
복 수	**ces**	

ce jardin **cette** fleur **ces** maisons

Attention !

ce + 모음 또는 무성 h → **cet** : **cet** étudiant **cet** homme

- 원근을 구별하기 위해 지시형용사가 수식하는 명사 뒤에 -ci와 -là를 붙여 ci는 가까이 있는 것, là는 멀리 있는 것을 나타낸다.

ce livre-**ci** et **ce** livre-**là**

cette fleur-**ci** et **cette** fleur-**là**

2. 축약관사 (II)

전치사 à와 정관사 le, les가 결합하여 축약관사를 만든다.

à + le → **au**
à + les → **aux**

Il habite **au** deuxième étage.

Elles sont **aux** États-Unis.

Attention !

정관사가 모음이나 무성 h 앞에서 모음 생략이 되거나 여성 단수일 경우에는 축약되지 않는다.

Elle travaille à	l'université.
	la maison.

EXERCICES

1. 알맞은 지시형용사를 넣으시오.

1) ______ maison 2) ______ livre 3) ______ ami

4) ______ sacs 5) ______ voiture 6) ______ homme

2. 빈 칸에 à + 정관사의 형태를 넣으시오.

1) Il est ______ maison.

2) Elle est ______ café.

3) Michel et Sophie sont ______ école.

3. 그림을 보고 예와 같이 말하시오.

ex.

livre de Paul

C'est le livre de Jean?
— Non, ce n'est pas son livre,
c'est le livre de Paul.

1)

serviette de Marie

____

2)

cahiers de Pierre

____

3)

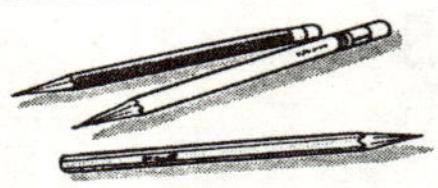

crayons de Michel

____

4)

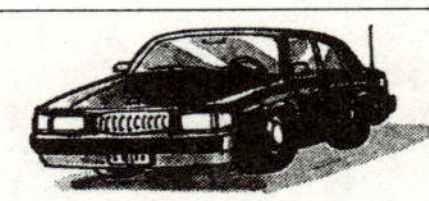

voiture de M. Vincent

____

4. 다음 우리말을 프랑스어로 옮기시오.

1) 당신은 어디에 사십니까? — 저는 서울에 삽니다.

2) 그녀는 꽃을 좋아합니까? — 네, 그녀는 꽃을 매우 좋아합니다.

CORRIGES

1. 1) cette 2) ce 3) cet
   4) ces 5) cette 6) cet

2. 1) à la 2) au 3) à l'

3. 1) C'est la serviette de Nathalie ?
   — Non, ce n'est pas sa serviette, c'est la serviette de Marie.
   2) Ce sont les cahiers de Paul ?
   — Non, ce ne sont pas ses cahiers, ce sont les cahiers de Pierre.
   3) Ce sont les crayons de Jean ?
   — Non, ce ne sont pas ses crayons, ce sont les crayons de Michel.
   4) C'est la voiture de Michel ?
   — Non, ce n'est pas sa voiture, c'est la voiture de M. Vincent.

4. 1) Où habitez-vous ?
   — J'habite à Séoul.
   2) Aime-t-elle les fleurs ?
   — Oui, elle aime beaucoup les fleurs.

Chanson

Sur le pont d'Avignon

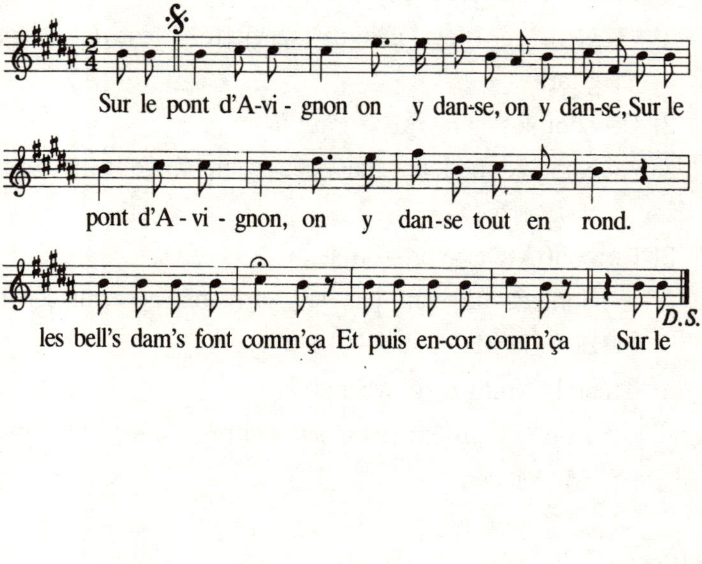

UNITÉ 3

Leçon 9
- ◆ 2군 동사
- ◆ 1군 동사 변칙 변화 : commencer
- ◆ 불규칙 동사 : faire, aller
- ◆ 강세형 인칭대명사
- ◆ 의문형용사

Leçon 10
- ◆ 부분관사
- ◆ 1군 동사 변칙 변화 : manger
- ◆ 불규칙 동사 : servir, boire, prendre

Leçon 11
- ◆ 비교급 : 형용사
- ◆ 비인칭 주어 : il
- ◆ 비인칭 동사 : pleuvoir, neiger
- ◆ 불규칙 동사 : vouloir

Leçon 12
- ◆ 중성대명사 (I) : y
- ◆ 부정대명사 : on
- ◆ 국가 · 국적 · 언어
- ◆ 불규칙 동사 : connaître, venir, apprendre

Unité 3 ······················ **Leçon 9**

Tu as des cours ?

Mingui : Tu as des cours demain ?

Daniel : Oui, j'ai beaucoup de cours demain : mathématiques, chimie, philosophie, histoire, géographie, etc.

Mingui : À quelle heure commencent les cours ?

Daniel : Ils commencent à neuf heures.

Mingui : À quelle heure finissent-ils ?

Daniel : Ils finissent à quatre heures de l'après-midi.

Mingui : Et le samedi, tu n'as pas de cours ?

Daniel : Non, je n'ai plus de cours. Alors, je suis libre.

Mingui : Qu'est-ce que tu fais le week-end ?

Daniel : En général, je rencontre mes amis. Et toi, tu fais quoi le week-end ?

Mingui : Moi, je vais à la montagne avec mon père. Lui, il aime beaucoup la montagne.

Daniel : Quelle heure est-il maintenant ?

Mingui : Il est cinq heures et demie.

Daniel : Eh bien, je rentre à la maison. Et toi, tu ne rentres pas ?

Mingui : Si, je rentre.

Daniel : Au revoir, Mingui !

Mingui : À bientôt, Daniel !

Savoir-Parler

Prononciation

1. **ph** [f] : philoso**ph**ie [filɔzɔfi] **ph**oto [fɔto]
2. **gn** [ɲ] : monta**gn**e [mɔ̃taɲ] campa**gn**e [kɑ̃paɲ]

Expressions

☐ **ne ~ plus** 이제 …하지 않다

Je **n'**ai **plus** d'argent. (나는 이제 돈이 없다.)

Nous **n'**avons **plus** de cours. (우리는 이제 강의가 없다.)

☐ **Si ..., Non ...**

부정 의문문에 대한 긍정의 대답은 si로, 부정의 대답은 non으로 한다.

Tu n'as pas de frère ?

— **Si**, j'ai un frère.

— **Non**, je n'ai pas de frère.

☐ **Quelle heure est-il ?**

시간을 나타내는 관용적 표현으로 비인칭 il이 사용된다.

— Il est ...

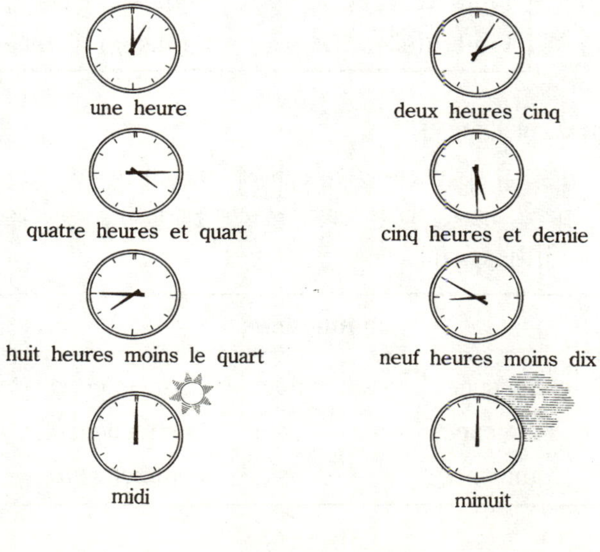

Grammaire

1. 2군 동사(-*ir*) : fin*ir*

동사 원형의 어미가 -ir로 끝나고 규칙적인 변화를 한다.

어 미	긍 정 형		부 정 형	
-is	je	fin**is**	je	ne fin**is** pas
-is	tu	fin**is**	tu	ne fin**is** pas
-it	il(elle)	fin**it**	il(elle)	ne fin**it** pas
-issons	nous	fin**issons**	nous	ne fin**issons** pas
-issez	vous	fin**issez**	vous	ne fin**issez** pas
-issent	ils(elles)	fin**issent**	ils(elles)	ne fin**issent** pas

의 문 형	
Est-ce que je fin**is** ?	Fin**issons**-nous ?
Fin**is**-tu ?	Fin**issez**-vous ?
Fin**it**-il(elle) ?	Fin**issent**-ils(elles) ?

2. 1군 동사 변칙 변화

복수 1인칭 동사 변화 활용 어미에 유의한다. 즉, c는 a, o, u 앞에서 [k]로 발음되므로 다른 인칭들과 동일한 발음을 유지시켜 주기 위해 cédille (¸)를 붙여 준다.

commen*cer*			
je	commenc*e*	nous	commen**ç***ons*
tu	commenc*es*	vous	commenc*ez*
il	commenc*e*	ils	commenc*ent*

À quelle heure **commencez**-vous votre travail ?
— Nous **commençons** notre travail à dix heures.

3. 불규칙 동사

- 1, 2군 동사들과 같이 규칙적인 어미 변화를 하지 않는다.
- faire 동사의 복수 1인칭 발음에 유의해야 한다.

nous faisons [fəzɔ̃]

faire			
je	fai*s*	nous	fai*sons*
tu	fai*s*	vous	fai*tes*
il	fai*t*	ils	f***ont***

aller			
je	**vai***s*	nous	all*ons*
tu	**va***s*	vous	all*ez*
il	**va**	ils	**v***ont*

4. 강세형 인칭대명사

- 각 인칭・수에 따라 형태가 다르다.
- 3인칭 단수와 복수에서 남성・여성의 구별이 있다.

je	**moi**	nous	**nous**
tu	**toi**	vous	**vous**
il	**lui**	ils	**eux**
elle	**elle**	elles	**elles**

(1) 주어 대명사의 강조 용법으로 사용한다.

Moi, j'ai un frère ; **toi**, tu as une sœur.

(2) 속사로 쓰인다.

Qui est-ce ? — C'est **moi.**

(3) 전치사 뒤에 쓰인다.

Où vont-ils ? — Ils vont chez **eux.**

5. 의문형용사

한정하는 명사의 성·수에 따라 형태는 변화하지만 발음은 모두 동일하다.

수 \ 성	남 성	여 성
단 수	**quel**	**quelle**
복 수	**quels**	**quelles**

Quel âge avez-vous ?

Quels livres as-tu ?

Quelle heure est-il ?

Quelles sont ces fleurs ?

EXERCICES

1. 괄호 안의 동사를 알맞게 변화시키시오.
   1) Il (finir) _______ son devoir.
   2) Nous (commencer) _______ notre travail.
   3) Vous (faire) _______ du sport.
   4) Je (aller) _______ au cinéma.
   5) Elles (rentrer) _______ à la maison.

2. 빈 칸에 알맞은 강세형 인칭대명사를 넣으시오.
   1) _______, je suis Coréen. _______, vous êtes Français.
   2) Je suis grand. Et _______, il est grand ?
   3) Tu restes ici. Mais je rentre chez _______ ?
   4) Michel est devant sa mère ?
      — Oui, il est devant _______.

5) Elles sont étudiantes. Et ______, ils sont étudiants aussi.

3. 그림을 보고 말하시오.

Quelle heure est-il ?

1)

2)

3)

4)

5)

6)

4. 그림을 보고 답하시오.

1)

Qu'est-ce que vous faites ?

____

2)

Qu'est-ce que tu fais ?

____

3)

Qu'est-ce qu'elle fait ?

4)

Qu'est-ce qu'il fait ?

CORRIGES

1. 1) finit 2) commençons 3) faites
   4) vais 5) rentrent

2. 1) Moi, Vous 2) lui 3) moi
   4) elle 5) eux

3. 1) Il est trois heures.
   2) Il est sept heures et quart.
   3) Il est six heures moins le quart.
   4) Il est quatre heures et demie.
   5) Il est midi cinq.
   6) Il est minuit moins dix.

4. 1) Je vais à la montagne.
   2) Je travaille.
   3) Elle regarde sa montre.
   4) Il fume.

Unité 3 ·················· **Leçon 10**

Un déjeuner en famille

Aujourd'hui, c'est dimanche. La famille Vincent est dans la salle à manger. Madame Vincent sert le déjeuner à son mari et à ses enfants. Marie aide sa mère. Elle est en train de mettre des assiettes, des cuillères, des couteaux, des fourchettes et des verres sur la table.

D'habitude, on déjeune en famille le dimanche après-midi en France.

Michel : Maman, j'ai très faim. Qu'est-ce qu'on mange ?

Mme Vincent : On mange de la viande et des légumes.

Michel : Et qu'est-ce qu'on boit ?

Mme Vincent : Ton père et moi, nous buvons du vin rouge. Mais ta sœur et toi, vous buvez de la bière fraîche.

Michel : Est-ce qu'on mange aussi du fromage ?

Mme Vincent : Mais oui, on mange du fromage et de la baguette.

Michel : Qu'est-ce qu'on prend comme dessert ?

Mme Vincent : On prend des gâteaux et de la glace. Puis on prend du café avec du sucre.

En général, on ne mange pas de potage au déjeuner. Alors, Madame Vincent n'a pas préparé de potage cet après-midi. Enfin, ils sont très contents de déjeuner ensemble.

Savoir-Parler

Expressions

□ **Les jours de la semaine**

Quel jour est-ce aujourd'hui ?

날짜 또는 요일을 묻는 표현으로 사용된다.

cf. 날짜와 요일을 분명히 구별하기 위해 다음과 같은 표현을 쓰기도 한다.

Quel jour du mois est-ce aujourd'hui ?

(오늘은 며칠입니까 ?)

Quel jour de la semaine est-ce aujourd'hui ?
(오늘은 무슨 요일입니까 ?)

요일명은 남성으로 보통 관사 없이 쓰인다.

— Aujourd'hui, c'est
lundi.
mardi.
mercredi.
jeudi.
vendredi.
samedi.
dimanche.

☐ **être en train de** + *inf.* …하고 있는 중이다

Il est en train de *travailler.*
(그는 공부하고 있는 중이다.)

Elles **sont en train d'***écouter* la radio.
(그녀들은 라디오를 듣고 있는 중이다.)

☐ **d'habitude** (= **en général**) 보통, 일반적으로

D'habitude, je prends du café le matin.
(보통 나는 아침에 커피를 마신다.)

En général, le cours commence à 9 heures.
(보통 강의는 9시에 시작한다.)

☐ **avoir faim** 배고프다

avoir 동사와 무관사 명사가 결합하여 그 명사의 동사적 뜻을 나타낸다.

Quand j'**ai faim**, je mange beaucoup.
(나는 배고플 때 많이 먹는다.)

avoir	**soif**	(목마르다)	**chaud** (덥다)
	peur	(두려워하다)	
	sommeil	(졸리다)	**froid** (춥다)

□ **Mais oui / Mais non**

oui나 non보다 강한 표현으로 쓰인다.

Tu finis ton devoir ? (너는 네 숙제를 끝냈니 ?)

— **Mais oui.** (그렇구 말구.)

Il est poli ? (그는 예의바르니 ?)

— **Mais non.** (천만에.)

□ **comme** …으로서

comme 다음에는 보통 무관사 명사를 쓴다.

Qu'est-ce qu'il y a **comme** boisson ?

(음료수로 무엇이 있습니까 ?)

Qu'est-ce que vous faites **comme** sport ?

(당신은 운동으로 무엇을 하십니까 ?)

□ **être content de** + *qc* / + *inf.* …에 만족하다 / …하는 것이 기쁘다

Il **est content de** *sa voiture.*

(그는 자기 자동차에 만족한다.)

Ils **sont contents de** *voyager* ensemble.

(그들은 함께 여행하는 것을 기뻐한다.)

Grammaire

1. 부분관사

- 셀 수 없는 물질명사 또는 추상명사 앞에 쓰인다.
- 셀 수 없는 사물의 약간의 양이나 일부분을 나타낸다.
- 남성명사 앞에서는 du, 여성은 de la, 모음이나 무성 h로 시작되는 명사 앞에서는 de l'의 형태로 쓰인다.

남 성	여 성
du (de l')	**de la (de l')**

Je mange **du** pain et **de la** viande.
J'ai **de l'**argent. Elle boit **de l'**eau.
Il a **du** courage et **de la** patience.

Attention !

부분관사가 부정형에서는 de가 된다.

Tu prends	**du** café ? **de la** bière ?
— Non, je **ne** prends **pas**	***de*** café. ***de*** bière.
Il y a	**du** sucre ? **de la** glace ?
— Non, il **n'**y a **pas**	***de*** sucre. ***de*** glace.

2. 1군 동사 변칙 변화

복수 1인칭 동사 변화 활용 어미에 유의한다. 즉, g는 a, o, u 앞에서 [g]로 발음되므로 다른 인칭들과 동일한 발음을 유지시켜 주기 위해 'e'를 첨가한다.

man*ger*			
je	mang*e*	nous	mang**e***ons*
tu	mang*es*	vous	mang*ez*
il	mang*e*	ils	mang*ent*

3. 불규칙 동사

- boire 동사 복수 1, 2인칭 활용 형태에 유의한다.
- prendre 동사 복수 3인칭 활용 어미에 'n'이 하나 더 첨가된다.

servir	
je	ser*s*
tu	ser*s*
il	ser*t*
nous	ser**v***ons*
vous	ser**v***ez*
ils	ser**v***ent*

boire	
je	boi*s*
tu	boi*s*
il	boi*t*
nous	**buv***ons*
vous	**buv***ez*
ils	boi**v***ent*

prendre	
je	pre**nd***s*
tu	pre**nd***s*
il	pre**nd**
nous	pre**n***ons*
vous	pre**n***ez*
ils	pre**nn***ent*

Nombres (II)

11	onze	[ɔ̃:z]	21	vingt et un	[vɛ̃teœ̃]
12	douze	[du:z]	22	vingt-deux	[vɛ̃tdø]
13	treize	[tʀɛ:z]	30	trente	[tʀɑ̃:t]
14	quatorze	[katɔʀz]	40	quarante	[kaʀɑ̃:t]
15	quinze	[kɛ̃:z]	50	cinquante	[sɛ̃kɑ̃:t]
16	seize	[sɛ:z]	60	soixante	[swasɑ̃:t]
17	dix-sept	[dis(s)ɛt]	70	soixante-dix	
18	dix-huit	[dizɥit]	71	soixante et onze	
19	dix-neuf	[diznœf]	72	soixante-douze	
20	vingt	[vɛ̃]	79	soixante-dix-neuf	

EXERCICES

1. 알맞은 관사를 넣으시오.

1) Je bois ______ lait.
2) Tu veux ______ bière ?
3) Vous avez ______ argent ?
4) Il aime ______ café.
5) Nous buvons ______ eau minérale.
6) Les Français aiment ______ fromage.

2. 관호 안의 동사를 알맞게 변화시키시오.

1) Elle (servir) ______ du vin.
2) Nous (manger) ______ du riz.

3) Ils (prendre) _______ le petit déjeuner.

4) Vous (boire) _______ du thé.

3. 다음 문장을 부정으로 만드시오.

1) J'ai de l'argent.

2) Vous prenez du café.

3) Nous buvons de l'eau.

4) Elle veut du fromage.

4. 그림을 보고 'être en train de'와 부분관사를 사용하여 예와 같이 말하시오.

ex.

(il)

→ ***Il est en train de boire de l'eau.***

1)

(il)

____

2)

(je)

____

3)

(elle)

____

4)

(vous)

____

CORRIGES

1. 1) du 2) de la 3) de l'
   4) le 5) de l' 6) le

2. 1) sert 2) mangeons 3) prennent 4) buvez

3. 1) Je n'ai pas d'argent.
   2) Vous ne prenez pas de café.
   3) Nous ne buvons pas d'eau.
   4) Elle ne veut pas de fromage.

4. 1) Il est en train de manger du pain.
   2) Je suis en train de boire de la bière.
   3) Elle est en train de manger une glace.
   4) Vous êtes en train de prendre un café.

Unité 3 ………………… **Leçon 11**

Il fait très beau aujourd'hui

Michel : Il fait très beau aujourd'hui ! Nous sommes au printemps. Je n'ai pas envie de travailler.

Mingui : Moi, non plus. Tu veux faire une promenade avec moi ?

Michel : Avec plaisir. Le printemps est une belle saison, n'est-ce pas ? Quel temps fait-il au printemps en Corée ?

Mingui : Il fait doux et il y a presque toujours du soleil.

Michel : Et en été ?

Mingui : Il fait très chaud et il pleut beaucoup. Il fait plus chaud qu'en France.

Michel : En automne, il fait aussi mauvais qu'en France ?

Mingui : Mais non, il fait un temps magnifique en automne. Surtout, le ciel est haut et très clair.

Michel : Est-ce qu'il fait froid en hiver ?

Mingui : Ben oui. En hiver, il fait très froid et il neige beaucoup. Alors, en France il fait moins froid qu'en Corée. Et puis il ne neige pas beaucoup, mais il pleut souvent.

Savoir-Parler

Expressions

☐ **Quel temps fait-il ?**

faire 동사가 비인칭 주어 il과 함께 3인칭 단수 형태로 날씨를 나타내는 표현들에 사용된다.

Il fait beau.	**Il fait** mauvais.
Il fait chaud.	**Il fait** froid.

☐ **au printemps, en été, en automne, en hiver**

En quelle saison sommes-nous ? (무슨 계절입니까 ?)

— Nous sommes	**au printemps.**	(봄입니다.)
	en été.	(여름입니다.)
	en automne.	(가을입니다.)
	en hiver.	(겨울입니다.)

□ **avoir envie de** + *qc* / + *inf.* …을 가지고 싶다 / …을 하고 싶어하다

J'ai envie d'*une voiture.*

(나는 자동차 한 대를 갖고 싶다.)

Il **a envie de** *voyager.*

(그는 여행하고 싶어한다.)

□ **non plus** …도 …아니다

긍정문에서 사용되는 aussi의 부정형이다.

Je n'aime pas le café. Et toi ?

(나는 커피를 좋아하지 않는다. 너는 ?)

— Moi, **non plus.**

(나도 좋아하지 않는다.)

□ **Avec plaisir** (= **Volontiers**) 기꺼이

Tu veux voyager avec moi ?

(나와 함께 여행하겠니 ?)

— **Avec plaisir.** (기꺼이.)

Grammaire

1. 비교급 : 형용사

형용사에 의해 표현되는 성질의 우등, 동등, 열등한 정도를 비교로 나타낸다.

plus
aussi + 형용사 + **que**
moins

Michel est	**plus** **aussi** **moins**	*grand* **que** Pierre.
Marie est	**plus** **aussi** **moins**	*petite* **que** Sophie.

2. 비인칭 주어 : il

- 주어로서 비인칭 구문에 사용된다.
- 중성으로서 형식상의 주어일 뿐 아무 뜻도 가지지 않는다.

  Quel temps fait-**il** ? — **Il** fait beau.

  Quelle heure est-**il** ? — **Il** est 9 heures.
- avoir 동사는 비인칭 용법으로 사용될 때가 있다.

  Il y a un livre.

3. 비인칭 동사

pleuvoir와 neiger 동사는 비인칭 용법으로 사용되며, 항상 3인칭 단수 형태로 쓰인다.

pleuvoir	
il	pleu*t*

neiger	
il	neige

4. 불규칙 동사

vouloir			
je	**veux**	nous	voul*ons*
tu	**veux**	vous	voul*ez*
il	**veu***t*	ils	**veul***ent*

EXERCICES

1. 괄호 안의 동사를 알맞게 변화시키시오.
   1) Elle (vouloir) ______ rester à la maison.
   2) Il (pleuvoir) ______ souvent en été.
   3) Vous (vouloir) ______ faire une promenade dans ce bois ?
   4) Il (neiger) ______ beaucoup en hiver ?

2. 알맞은 단어를 넣으시오.
   1) Il fait chaud ______ été.
   2) Il fait froid ______ hiver.
   3) ______ quelle saison sommes-nous ?
   4) Nous sommes ______ printemps.

3. 괄호 안의 형용사를 사용하여 알맞은 비교문을 만드시오.

1)

Il est … (grand)

2)
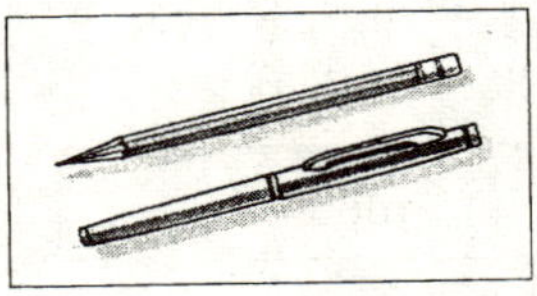

Le crayon est … (long)

3)

Le cahier est … (gros)

4)
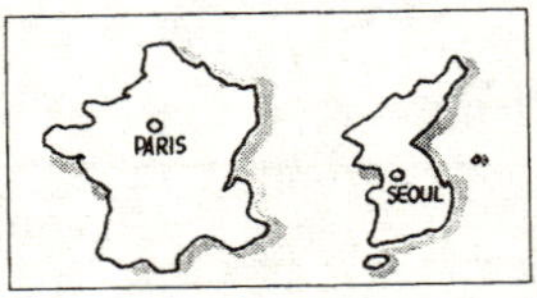

La France est … (large)

4. 그림을 보고 답하시오.

1) 

Quel temps fait-il ?

2) 

Est-ce qu'il fait beau ?

3) 

En quelle saison sommes-nous ?

4) 

Est-ce qu'il y a du vent ?

CORRIGES

1. 1) veut 2) pleut 3) voulez 4) neige

2. 1) en 2) en 3) En 4) au

3. 1) Il est plus grand qu'elle.
2) Le crayon est aussi long que le stylo.
3) Le cahier est moins gros que le livre.
4) La France est plus large que la Corée.

4. 1) Il fait beau.
2) Non, il fait mauvais.
3) Nous sommes en hiver.
4) Non, il n'y a pas de vent.

Unité 3 ······················ **Leçon 12**

Comment ça va ?

Michel : Bonjour Sophie, comment ça va ?

Sophie : Pas mal, et toi ?

Michel : Très bien, merci. Tiens, voilà Mingui. Il habite à Paris depuis quelques semaines, parce que son père y travaille comme journaliste.

Sophie : Ah ! Mingui c'est vous ! Michel parle souvent de vous. Je suis Mademoiselle Sophie Martin. Enchantée !

Mingui : Moi, c'est Mingui Kim. Je suis très heureux de vous connaître.

Sophie : Vous venez de quel pays ?

Mingui : Je viens de la Corée.

Sophie : Où habitez-vous en Corée ?

Mingui : À Séoul, c'est la capitale de la Corée.

Sophie : Quelle langue est-ce qu'on parle dans votre pays ?

Mingui : On y parle coréen. C'est une langue très difficile pour les étrangers.

Sophie : Vous parlez bien français.
Mingui : Pas très bien. En Corée, on apprend le français au lycée.
Sophie : Ah bon ! Vous êtes content de votre nouvelle vie à Paris ?
Mingui : Bien sûr !

Savoir-Parler

Expressions

☐ **aller bien / mal** 잘 지내다 / (건강이) 좋지 않다

Bonjour Michel, | comment **vas**-tu ?
comment ça **va** ?

(안녕 미셸, 어떻게 지내니 ?)

— Ça **va,** et toi ?

(잘 지내, 너는 ?)

☐ **Pourquoi ... ?** — **Parce que ...**

이유를 묻고 대답하는 표현으로, 의문부사 pourquoi로 물을 때는 parce que로 대답한다.

Pourquoi est-ce qu'il ne vient pas ? (왜 그는 오지 않느냐 ?)

— **Parce qu'**il est malade. (그는 아프기 때문이다.)

☐ **être heureux de** + *qc* / + *inf.* …을 기쁘게 생각하다 / …해서 기쁘다

Je **suis heureux de** *votre succès.*

(나는 당신의 성공을 기쁘게 생각합니다.)

Elle **est heureuse de** *revoir* ses parents.

(그녀는 자기 부모님을 다시 뵙게 되어 기쁘다.)

☐ **venir de** …으로부터 오다

D'où **viens**-tu ?

— Je **viens de** | l'école. (학교에서 온다.)
la gare. (역에서 온다.)
Paris. (파리에서 온다.)

Grammaire

1. 중성대명사 (I) : y

- 장소를 받는 부사적 대명사로서 전치사(à, dans, en, sur, etc.) + 명사를 대신한다.
- 보통 동사 앞에 놓인다.

  Il est *à Paris* ?

  — Oui, il **y** est. (y = à Paris)

  Elle va *dans un restaurant* ?

  — Oui, elle **y** va. (y = dans un restaurant.)

2. 부정대명사 : on

사람을 나타내며 주어로만 사용되고 보통 남성 단수로 취급한다.

(1) 구어적 표현에서 on은 nous를 대신한다.

Qu'est-ce qu'**on** fait aujourd'hui ?

(2) 3인칭 단수로서 막연히 '사람들'이라는 의미를 가진다.

En France, **on** dîne vers 20 heures.

(3) 드물게 '누군가'라는 의미로 쓰인다.

On frappe à la porte.

3. 국가 · 국적 · 언어

- e로 끝나는 국가 명사는 보통 여성이다.
- 국적은 첫 글자를 대문자로 쓴다.
- 정관사와 함께 각 국가의 언어를 나타낸다.

국 가	국 적	언 어
La Corée	Coréen(*ne*)	le coréen
Le Japon	Japonais(*e*)	le japonais
La France	Français(*e*)	le français
L'Angleterre	Anglais(*e*)	l'anglais
L'Allemagne	Allemand(*e*)	l'allemand
L'Italie	Italien(*ne*)	l'italien

Vous êtes Français ? — Oui, je suis Français.

Attention !

속사로 쓰인 명사가 국적을 나타낼 때 관사는 생략된다. 그러나 'c'est~' 표현에서는 부정관사를 사용한다.

C'est *un* Français.

4. 불규칙 동사

connaître	
je	connai*s*
tu	connai*s*
il	conna**î***t*
nous	connai**ss***ons*
vous	connai**ss***ez*
ils	connai**ss***ent*

venir	
je	**vien***s*
tu	**vien***s*
il	**vien***t*
nous	ven*ons*
vous	ven*ez*
ils	**vienn***ent*

apprendre	
j'	appre**nd***s*
tu	appre**nd***s*
il	appre**nd**
nous	appren*ons*
vous	appren*ez*
ils	appre**nn***ent*

Nombres (III)

80	quatre-vingts	200	deux cents
81	quatre-vingt-un	201	deux cent un
90	quatre-vingt-dix	1000	mille
91	quatre-vingt-onze	1996	mil neuf cent
100	cent		quatre-vingt-seize
101	cent un	2 000	deux mille
110	cent dix	10 000	dix mille

EXERCICES

1. 다음 질문에 중성대명사 y를 사용하여 답하시오.

   1) Vous habitez *à Paris* ? Oui, ______________________

2) Elle travaille *dans la cuisine* ? Non, ________________

3) Sophie reste *à la maison* ? Oui, ________________

4) Pierre étudie *dans sa chambre* ? Non, ________________

2. 괄호 안에 알맞은 단어를 넣으시오.

1) Il vient (   ) Séoul.

2) Nicolas va (   ) l'école.

3) Elle rentre (   ) la maison.

4) Marie revient (   ) la gare.

5) Je vais (   ) Paris.

6) Michel revient (   ) l'université.

3. 그림을 보고 예와 같이 말하시오.

ex.

être là (tu)

→ *Depuis combien de temps es-tu là ?*

1)

habiter à Paris (vous)

____

2)

être dans le jardin (elle)

____

3)

rester dans un hôtel (ils)

____

4)

travailler ici (tu)

____

4. 다음 우리말을 프랑스어로 옮기시오.
   1) 당신을 알게 되어 매우 기쁩니다.
   2) 오늘 오후에 뭐할까 ?
   3) 너는 어디서 오느냐 ?

CORRIGES

1. 1) j'y habite.
   2) elle n'y travaille pas.
   3) elle y reste.
   4) il n'y étudie pas.

2. 1) de　　2) à　　3) à
   4) de　　5) à　　6) de

3. 1) Depuis combien de temps habitez-vous à Paris ?
   2) Depuis combien de temps est-elle dans le jardin ?
   3) Depuis combien de temps restent-ils dans un hôtel ?
   4) Depuis combien de temps travailles-tu ici ?

4. 1) Je suis très heureux de vous connaître.
   2) Qu'est-ce qu'on fait cet après-midi ?
   3) D'où viens-tu ?

Chanson

BELLE ROSE

UNITÉ 4

Leçon 13
- ◈ 명령형 (I)
- ◈ 근접미래
- ◈ 감탄문 : Comme ... !
- ◈ 불규칙 동사: voir, descendre
- ◈ 비인칭 동사 : falloir

Leçon 14
- ◈ 대명동사
- ◈ 대명동사 명령형
- ◈ 형용사 tout

Leçon 15
- ◈ 단순미래
- ◈ 1군 동사 변칙 변화 : nettoyer, payer
- ◈ 불규칙 동사 : sortir, lire

Leçon 16
- ◈ 복합과거 (I)
- ◈ 비교급 : 부사
- ◈ 최상급 : 형용사, 부사
- ◈ 불규칙 동사 : mettre

Unité 4 ……………………… **Leçon 13**

Qu'est-ce qu'il faut faire ?

Mingui : Pardon Monsieur, pour aller à la Tour Eiffel, s'il vous plaît ?

1er monsieur : À pied, c'est assez loin d'ici. Il faut prendre le métro.

Mingui : Où est la station de métro ?

1er monsieur : Elle est de l'autre côté de la rue. Regardez bien là.

Mingui : Ah oui, je vois.

1er monsieur : Traversez la rue. Prenez le métro en direction de Charles de Gaulle-Étoile et descendez à la troisième station. Il y a un métro toutes les cinq minutes environ.

Mingui : Merci beaucoup. (Il descend du métro.) Pardon Monsieur, qu'est-ce qu'il faut faire pour aller à la Tour Eiffel ?

2e monsieur : Ah ! La tour Eiffel ? Prenez la première rue à droite et puis continuez tout droit. Vous allez trouver la Tour Eiffel juste en face de l'École Militaire. Il faut cinq minutes seulement à pied.

Mingui : Comme vous êtes gentil ! Merci bien, Monsieur.

2e monsieur : De rien.

Savoir-Parler

Expressions

□ Pour demander son chemin

길을 묻는 몇 가지 표현들이 있는데, 먼저 상대방에게 실례함을 표시한다.

Pardon Monsieur (Madame, Mademoiselle)

Pour aller à ... s'il vous plaît ?

(실례합니다. …에 가려면요 ?)

Qu'est-ce qu'il faut faire pour aller à ... ?

(…에 가려면 어떻게 해야 합니까 ?)

Où ...? (어디에 … ?)

☐ **à pied** 걸어서

길을 가는 수단을 표현할 때 보통 전치사 en과 à가 쓰인다. 어떤 교통 수단을 이용할 경우 대개 en을 쓰며 그 외에는 à를 쓴다.

Je vais	**à pied.**	(걸어서 간다.)
	en voiture.	(자동차로 간다.)
	en autobus.	(버스로 간다.)
	en métro.	(지하철로 간다.)

교통 수단이 bicyclette인 경우는 à와 en을 둘 다 사용할 수 있다.

Je vais à[en] bicyclette.

☐ **loin de, en face de, de l'autre côté**

L'école est **loin de** chez moi. (학교는 나의 집에서 멀리 있다.)

L'hôtel est **en face de** la gare. (호텔은 역 맞은편에 있다.)

Le magasin est **de l'autre côté** de la rue.

(상점은 길 건너편에 있다.)

☐ **Il faut** + *qc* / + *inf.* …이 필요하다 / …해야만 한다

falloir 동사의 비인칭 구문이다.

Il faut *de l'argent.* (돈이 필요하다.)

Il faut *partir* tout de suite. (곧 떠나야만 한다.)

☐ **en direction de** …의 방향으로

Je prends le train **en direction de** Lyon.

(나는 리옹행 기차를 탄다.)

☐ **à droite** (↔ **à gauche**)

Tournez	**à droite.**	(오른쪽으로 도시오.)
	à gauche.	(왼쪽으로 도시오.)

☐ **tout droit** 똑바로

D'ici, c'est **tout droit.** (여기서 똑바로 가시오.)

☐ **De rien** (= **Je vous en prie**) 천만의 말씀

Je te remercie, Paul. (고마워, 폴.)

— **De rien.** (천만에.)

• 서 수

1er	premier	9^{e}	neuvième
(1ère)	(première)	10^{e}	dixième
2^{e}	second(e)	20^{e}	vingtième
	(deuxième)	21^{e}	vingt et unième
3^{e}	troisième	30^{e}	trentième
4^{e}	quatrième	31^{e}	trente et unième
5^{e}	cinquième	40^{e}	quarantième

Grammaire

1. 명령형 (I)

- 2인칭 단수 · 복수와 1인칭 복수의 세 가지 형태가 있다.
- 주어가 생략되고 동사를 명령형으로 한다.

regarder		
Tu *regardes.* Vous *regardez.* Nous *regardons.*	**Regarde !** **Regardez !** **Regardons !**	**Ne regarde pas !** **Ne regardez pas !** **Ne regardons pas !**

Attention !

2인칭 단수에서 동사 활용 어미가 -es인 경우 일반적으로 s를 생략한다.

Tu regardes. → Regarde !

2. 근접미래 : aller + *inf.*

현재에서 비교적 가까운 미래를 나타낼 때 사용된다.

Qu'est-ce que vous **allez** *faire* cet après-midi ?

— Je **vais** *faire* une promenade.

3. 감탄문 : Comme ... !

감탄을 나타내는 부사로서 comme가 평서문 앞에 놓이면 감탄문이 된다.

Comme il fait beau aujourd'hui !

Comme elle est belle !

4. 불규칙 동사

voir	
je	vois
tu	vois
il	voit
nous	voyons
vous	voyez
ils	voient

descendre	
je	descends
tu	descends
il	descend
nous	descendons
vous	descendez
ils	descendent

5. 비인칭 동사

falloir 동사는 비인칭 구문에서 3인칭 단수 형태로만 쓰인다.

falloir
il faut

EXERCICES

1. 다음 문장을 명령형으로 고치시오.
   1) Tu fermes la porte.
   2) Vous travaillez beaucoup.
   3) Tu ouvres la fenêtre.
   4) Nous allons au cinéma.
   5) Vous fermez la fenêtre.

6) Nous prenons un taxi.

2. 그림을 보고 예와 같이 근접미래를 사용하여 말하시오.

ex. 

Qu'est-ce qu'il va faire ?
— *Il va travailler.*

1) Qu'est-ce que vous allez faire ?

____

2) Qu'est-ce qu'il va faire ?

____

3) Qu'est-ce qu'elle va faire ?

____

4) Qu'est-ce que tu vas faire ?

____

3. 다음 물음에 예와 같이 답하시오.

ex. Comment va-t-il au cinéma ? (voiture)

— *Il y va en voiture.*

1) Comment allez-vous à la montagne ? (pied)
2) Comment vas-tu à la campagne ? (autobus)
3) Comment va-t-elle à la Tour Eiffel ? (métro)
4) Comment va-t-il au bureau de poste ? (bicyclette)

4. 그림을 보고 예와 같이 말하시오.

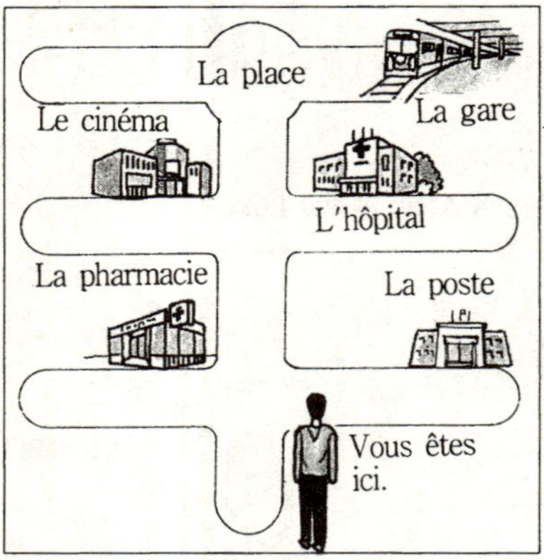

ex. **La poste**

— ***Pour aller à la poste ?***

— ***Prenez la première rue à droite.***

1) La pharmacie
2) L'hôpital
3) Le cinéma
4) La gare

CORRIGES

1. 1) Ferme la porte.
   2) Travaillez beaucoup.
   3) Ouvre la fenêtre.
   4) Allons au cinéma.
   5) Fermez la fenêtre.
   6) Prenons un taxi.

2. 1) Je vais prendre le métro.
   2) Il va prendre un taxi.
   3) Elle va servir un café.
   4) Je vais boire de l'eau.

3. 1) Nous y allons à pied.
   2) J'y vais en autobus.
   3) Elle y va en métro.
   4) Il y va à bicyclette.

4. 1) — Pour aller à la pharmacie ?
      — Prenez la première rue à gauche.
   2) — Pour aller à l'hôpital ?
      — Prenez la deuxième rue à droite.
   3) — Pour aller au cinéma ?
      — Prenez la deuxième rue à gauche.
   4) — Pour aller à la gare ?
      — Prenez la troisième rue à droite.

Unité 4 ······················ **Leçon 14**

Michel fait la grasse matinée !

Michel se réveille tous les matins à sept heures moins dix. Mais aujourd'hui, il fait la grasse matinée, parce qu'il est un peu fatigué.

Michel : Maman, quelle heure est-il ?
Mme Vincent : Il est sept heures.
Michel : Déjà !
Mme Vincent : C'est l'heure de te lever. Dépêche-toi !
Michel : Je vais faire ma toilette.
Mme Vincent : Moi, je prépare le petit déjeuner.

Dans la salle de bains, Michel prend sa douche. Maintenant, il est devant le lavabo. Il se brosse les dents. Il se regarde dans la glace et il se rase. De l'eau ... du savon ... Michel se lave.

Michel : Maman, où est ma serviette ?

Mme Vincent : Elle est sur la chaise près de la porte. Est-ce que tu es prêt ?

Michel : Non, pas encore, je cherche mon peigne. Où est-il ?

Mme Vincent : Il est dans la petite armoire.

Michel se peigne et il s'habille.

Mme Vincent : Tes chaussures sont sales. Vite la brosse ! Pendant ce temps bois ton café : il est prêt.

Michel : Merci maman !

Mme Vincent : Tu ne manges pas de pain, ni de beurre ?

Michel : Non, je n'ai pas le temps. À ce soir.

Savoir-Parler

Expressions

☐ **faire la grasse matinée** 늦잠을 자다

Je **fais la grasse matinée** quelquefois.
(나는 가끔 늦잠을 잔다.)

☐ **un peu** 약간, 조금

Vous êtes fatigué ? — Oui, **un peu**. (네, 조금.)

☐ **près de** (…의) 가까이에

La chaise est **près de** la table. (의자는 테이블 가까이에 있다.)
Il habite **près d'**ici. (그는 여기서 가까이에 산다.)

☐ **être prêt** 준비되다

prêt는 형용사이므로 성 · 수에 일치시킨다.

Le dîner **est prêt.** (저녁 식사 준비가 됐다.)

Marie, tu **es prête** ? (마리, 너 준비됐니 ?)

— Oui, je **suis prête.** (응, 준비됐어.)

☐ **pas encore** 아직도 (…않다)

Vous êtes en vacances ? (당신은 휴가중입니까 ?)

— Non, **pas encore.** (아니오, 아직 아닙니다.)

☐ **pendant ce temps** 그 동안에

Je vais finir mon travail. (나는 내 일을 끝낼 것이다.)

Et toi, qu'est-ce que tu veux faire **pendant ce temps ?**
(너는 그 동안 무엇을 하고 싶니 ?)

☐ **ne ~ pas ~ ni** …도 …도 아니다

Il **n**'a **pas** de livres **ni** de cahiers. (그는 책도 공책도 없다.)

Il **n**'y a **pas** d'autobus **ni** de métro aujourd'hui.
(오늘은 버스도 지하철도 없다.)

Grammaire

1. 대명동사

- 주어와 관계되는 보어 인칭대명사와 함께 쓰이는 동사이다.
- 보어 인칭대명사는 인칭과 수에 따라 변화한다.

se lever			
je	**me**	**lève**	Est-ce que je **me lève ?**
tu	**te**	**lèves**	**Te lèves**-tu ?
il	**se**	**lève**	**Se lève**-t-il ?
nous	**nous**	**levons**	**Nous levons**-nous ?
vous	**vous**	**levez**	**Vous levez**-vous ?
ils	**se**	**lèvent**	**Se lèvent**-ils ?

je	**ne**	**me**	**lève**	**pas**	nous	**ne**	**nous**	**levons**	**pas**
tu	**ne**	**te**	**lèves**	**pas**	vous	**ne**	**vous**	**levez**	**pas**
il	**ne**	**se**	**lève**	**pas**	ils	**ne**	**se**	**lèvent**	**pas**

(1) 타동사가 대명동사가 되면 자동사의 의미를 가진다.

Je **lève** *moi-même.* → Je **me lève**.

Je **lave** *moi-même.* → Je **me lave**.

(2) 주어가 행한 동작이 주어 자신에게 되돌아간다.

Je **me lave** *les mains.*

Je **me brosse** *les dents.*

2. 대명동사 명령형

(1) 긍정 : 보어 인칭대명사는 동사 뒤에 위치하며 [-]으로 연결된다.

단수 2인칭에서는 te가 toi로 변하는 것에 유의한다.

Tu *te dépêches.* → **Dépêche-toi !**

Vous *vous dépêchez.* → **Dépêchez-vous !**

(2) 부정 : 보어 인칭대명사는 원래대로 동사 앞에 위치한다.

Tu ne *te dépêches* pas. → **Ne te dépêche pas !**

Vous ne *vous dépêchez pas.* → **Ne vous dépêchez pas !**

3. 형용사 tout

보통 정관사, 지시형용사, 소유형용사와 같은 한정사와 함께 쓰이며, '모든'의 뜻을 가지며 성·수에 따라 변화한다.

수 \ 성	남 성	여 성
단 수	**tout**	**toute**
복 수	**tous**	**toutes**

Il pleut **tout** le jour.

Il travaille **toute** la nuit.

Elle va à l'école **tous** les jours.

Nous aimons **toutes** les fleurs.

EXERCICES

1. 괄호 안의 동사를 알맞게 변화시키시오.
   1) Je (se réveiller) _______ à sept heures du matin.
   2) Les enfants (se laver) _______ les mains.
   3) Elle (s'appeler) _______Sophie Martin.
   4) Nous (se coucher) _______ tard.
   5) Je (se brosser) _______ les dents.
   6) Le soleil (se lever) _______ tôt.

2. 다음 문장을 명령형으로 고치시오.
   1) Tu te laves les mains.
   2) Vous vous levez vite.
   3) Nous nous dépêchons pour arriver à l'heure.

4) Tu t'habilles tout de suite.

5) Vous vous couchez tôt.

6) Tu te brosses les dents.

3. 빈 칸에 형용사 tout의 알맞은 형태를 넣으시오.

1) Elles dansent ______ la nuit.

2) Il sort ______ les soirs.

3) Il fait beau ______ le temps.

4) Nous regardons ______ les photos.

5) Je vais à l'école ______ les jours.

6) Elle reste à la maison ______ le jour.

4. 그림을 보고 예와 같이 말하시오.

ex.

Il se lève.

1)

2)

3)

4)

CORRIGES

1. 1) me réveille
2) se lavent
3) s'appelle
4) nous couchons
5) me brosse
6) se lève

2. 1) Lave-toi les mains.
2) Levez-vous vite.
3) Dépêchons-nous pour arriver à l'heure.
4) Habille-toi tout de suite.
5) Couchez-vous tôt.
6) Brosse-toi les dents.

3. 1) toute
2) tous
3) tout
4) toutes
5) tous
6) tout

4. 1) Il se lave.
2) Elle se peigne.
3) Il s'habille.
4) Elle se lève.

Unité 4 ······················ **Leçon 15**

La journée de Madame Vincent

Sophie : Bonjour, Madame Vincent ! Vous êtes seule ? Qu'est-ce que vous ferez ce matin ?

Mme Vincent : Comme tous les matins, je laverai les tasses du petit déjeuner. Ensuite, je rangerai la maison et je nettoierai la cuisine.

Sophie : Vous n'avez pas de femme de ménage ?

Mme Vincent : Si, elle viendra à dix heures.

Sophie : Est-ce que vous sortirez ce matin ?

Mme Vincent : Non, je ne sortirai pas.

Sophie : Et cet après-midi, qu'est-ce que vous ferez ?

Mme Vincent : D'abord, je ferai des courses au marché. Ensuite, je verrai une amie et nous irons au cinéma.

Sophie : Vous avez le temps de faire tout ça ?

Mme Vincent : Mais oui. Et je serai à la maison avant cinq heures. Je préparerai le repas. À huit heures mon mari rentrera et nous dînerons tous ensemble.

Sophie : Vous ne sortirez pas après le dîner ?

Mme Vincent : Non, nous regarderons la télévision ou nous lirons les journaux.

Sophie : Eh bien ! Bonne journée, Madame Vincent.

Savoir-Parler

Prononciation

1. **oy** (oi + i) [waj] : nett**oy**er [nɛtwaje]
2. **uy** (ui + i) [ɥij] : ess**uy**er [esɥije]

   두 개의 모음자 oy와 uy가 두 개의 반자음과 하나의 모음을 표기하는 경우이다.

Expressions

☐ **d'abord, ensuite** 먼저, 그리고 나서

Qu'est-ce que vous allez faire ?

(당신은 무엇을 하시겠습니까 ?)

— **D'abord,** je vais travailler, et **ensuite** je me promènerai.

(먼저 일할 것이고, 그리고 나서 산책할 것입니다.)

☐ **faire des courses** 쇼핑하다

Elle **fait des courses** tous les jours.

(그녀는 날마다 쇼핑한다.)

☐ **aller à** …에 가다

Où vas-tu ?	— Je **vais**	**à** l'école. (학교에 간다.)
		au cinéma. (영화관에 간다.)
		à la gare. (역에 간다.)

☐ **avoir le temps de** + *inf.* …할 틈이 있다

Je n'**ai** pas **le temps de** *me promener.*

(나는 산책할 시간이 없다.)

☐ **ça (= cela)**

ça는 보통 구어체에서 사용되고 cela의 축약형이다.

Le café, j'aime beaucoup **ça.**

(커피, 나는 그것을 매우 좋아한다.)

☐ **tous ensemble** 모두 함께

Nous partons en voyage **tous ensemble.**

(우리는 모두 함께 여행을 떠난다.)

Ils chantent **tous ensemble.** (그들은 모두 함께 노래한다.)

□ **bonne journée** 좋은 하루

Passez une **bonne journée.** (좋은 하루 보내세요.)

Je vous souhaite une **bonne journée.**

(좋은 하루 보내시길 바랍니다.)

Grammaire

1. 단순미래

1, 2군 동사는 동사원형에 미래형 어미(-ai, -as, -a, -ons, -ez, -ont)를 붙인다.

어미	1군(-er)		2군(-ir)		3군(-re)	
	parler		**finir**		**prendre**	
-ai	je	parler**ai**	je	finir**ai**	je	prendr**ai**
-as	tu	parler**as**	tu	finir**as**	tu	prendr**as**
-a	il	parler**a**	il	finir**a**	il	prendr**a**
-ons	nous	parler**ons**	nous	finir**ons**	nous	prendr**ons**
-ez	vous	parler**ez**	vous	finir**ez**	vous	prendr**ez**
-ont	ils	parler**ont**	ils	finir**ont**	ils	prendr**ont**

cf. 1군 동사 단순미래형의 발음에 유의한다.

parler [e] → je parlerai [ə]

Attention !

3군 동사의 경우 그 원형의 어미가 e로 끝날 때 미래 변화에서는 탈락된다.

3군(-re)동사 : prendre → prendr + 미래형 어미

être	—	je **serai**	**faire**	—	je **ferai**
avoir	—	j' **aurai**	**pouvoir**	—	je **pourrai**
aller	—	j' **irai**	**voir**	—	je **verrai**
venir	—	je **viendrai**	**vouloir**	—	je **voudrai**

2. 1군 동사 변칙 변화

- -oyer로 끝나는 1군 동사는 단수 1, 2, 3인칭과 복수 3인칭에서 y가 i로 변한다.
- -ayer로 끝나는 1군 동사는 단수 1, 2, 3인칭과 복수 3인칭에서 y가 i로 변하거나 y를 그대로 쓰기도 한다.

nett*oyer*			
je	nett**oi***e*	nous	nettoy*ons*
tu	nett**oi***es*	vous	nettoy*ez*
il	nett**oi***e*	ils	nett**oi***ent*
je **nettoierai**			

p*ayer*			
je	**pai(y)***e*	nous	pay*ons*
tu	**pai(y)***es*	vous	pay*ez*
il	**pai(y)***e*	ils	**pai(y)***ent*
je **pai(y)erai**			

3. 불규칙 동사

sortir			
je	sor*s*	nous	sort*ons*
tu	sor*s*	vous	sort*ez*
il	sor*t*	ils	sort*ent*
je **sortirai**			

lire			
je	li*s*	nous	lis*ons*
tu	li*s*	vous	lis*ez*
il	li*t*	ils	lis*ent*
je **lirai**			

EXERCICES

1. 괄호 안의 동사를 단순미래로 변화시키시오.

1) Je (finir) ______ mon travail.

2) Nous (partir) ______ pour la France.

3) Elle (faire) ______ la cuisine.

4) Ils (aller) ______ à la campagne.

2. 다음 문장을 근접미래로 고치시오.

1) Je pars en voyage.

2) Elle fait des courses.

3) Ils arrivent à la gare.

4) Nous finissons nos devoirs.

5) Vous donnez un cadeau à votre enfant.

3. 괄호 안의 동사를 알맞게 변화시키시오.

1) Il (payer) ______ l'addition.

2) Elle (lire) ______ un livre.

3) Michel (nettoyer) ______ la chambre.
4) Nous (sortir) _______ avec nos enfants.

4. 그림을 보고 알맞은 말을 사용하여 예와 같이 말하시오.
finir ses études / écrire à Marie / aller en France / rentrer chez ses parents / revoir sa grand-mère

ex.

la semaine prochaine (il)
→ ***La semaine prochaine, il rentrera chez ses parents.***

1)

demain (je)

____

2)

l'année prochaine (nous)

____

3)

cette année (elle)

____

4)

le mois prochain (il)

____

CORRIGES

1. 1) finirai 2) partirons 3) fera 4) iront

2. 1) Je vais partir en voyage.
2) Elle va faire des courses.
3) Ils vont arriver à la gare.
4) Nous allons finir nos devoirs.
5) Vous allez donner un cadeau à votre enfant.

3. 1) paye 2) lit 3) nettoie 4) sortons

4. 1) Demain, j'écrirai à Marie.
2) L'année prochaine, nous irons en France.
3) Cette année elle finira ses études.
4) Le mois prochain, il reverra sa grand-mère.

Unité 4 ······················ Leçon 16

Aller à la campagne

Michel : Tu as passé un bon week-end ?

Pierre : Oui, j'ai passé un bon week-end à la campagne. La maison de mes grands-parents est là-bas.

Michel : Est-ce que c'est une grande maison ?

Pierre : Oui, c'est une maison de quatre pièces avec une cour devant et un grand jardin derrière. Dans la cour, il y a un chien et un chat.

Michel : Est-ce que tu aimes mieux la campagne que la ville ?

Pierre : Oui, j'aime mieux la campagne. Quelquefois, je passe le week-end chez mes grands-parents.

Michel : Combien de temps as-tu mis pour arriver chez eux ?

Pierre : J'ai mis une heure et demie en voiture. La voiture va plus vite que le train. C'est le moyen de transport le plus rapide pour y aller.

Michel : Où est-ce que tu as déjeuné ?

Pierre : J'ai déjeuné au restaurant avec eux. J'ai beaucoup parlé de ma vie à Paris. Et toi, qu'est-ce que tu as fait hier ?

Michel : J'ai travaillé pour mon examen. Et je n'ai pas bien dormi cette nuit.

Pierre : Ah oui, tu as l'air fatigué !

Savoir-Parler

Prononciation

x [ks] : ta**x**i [taksi]

[gz] : e**x**amen [ɛgzamɛ̃] e**x**ercice [ɛgzɛʀsis]

하나의 자음자 x가 두 개의 자음을 표기하는 경우이다.

Expressions

□ **aimer mieux** A **que** B (= **préférer** A **à** B)
B보다 A를 더 좋아하다
J'**aime mieux** *la montagne* **que** *la mer.*
= Je **préfère** *la montagne* **à** *la mer.*
(나는 바다보다 산을 더 좋아한다.)

□ **chez** *qn* …집에서
Je rentre **chez** *moi.* (나는 내 집에 돌아온다.)
Elle habite **chez** *ses parents.* (그녀는 부모님 댁에 산다.)

□ **avoir l'air** + 형용사 …처럼 보이다
형용사는 주어 속사로서 대체로 주어에 일치시킨다.
Il **a l'air** *triste.* (그는 슬퍼 보인다.)
Elle **a l'air** *heureuse.* (그녀는 행복해 보인다.)

Grammaire

1. 복합과거 (I)

(1) 형태 : **avoir** 현재 변화 + 과거분사
모든 타동사와 대부분의 자동사는 avoir를 조동사로 취한다.

parler						
j'	**ai**	**parlé**	je	**n'ai**	**pas**	**parlé**
tu	**as**	**parlé**	tu	**n'as**	**pas**	**parlé**
il	**a**	**parlé**	il	**n'a**	**pas**	**parlé**
nous	**avons**	**parlé**	nous	**n'avons**	**pas**	**parlé**
vous	**avez**	**parlé**	vous	**n'avez**	**pas**	**parlé**
ils	**ont**	**parlé**	ils	**n'ont**	**pas**	**parlé**
Ai-je	**parlé ... ?**		**Avons**-nous	**parlé ... ?**		
As-tu	**parlé ... ?**		**Avez**-vous	**parlé ... ?**		
A-t-il	**parlé ... ?**		**Ont**-ils	**parlé ... ?**		

<과거분사>

1군 동사 : 어간 + é → donner — **donné**

2군 동사 : 어간 + i → finir — **fini**

3군 동사 : 형태가 각각 다르다.

être	— **été**	avoir	— **eu**
faire	— **fait**	voir	— **vu**
prendre	— **pris**	mettre	— **mis**
pouvoir	— **pu**	voulcir	— **voulu**

(2) 용법

- 과거에 완료된 동작을 나타낸다.
- 과거에 완료된 동작의 결과가 현재까지 지속되는 상태를 나타낸다.

2. 비교급 : 부사

부사에 의해 표현되는 성질의 우등, 동등, 열등한 정도를 비교로 나타낸다.

plus **aussi** + 부사 + **que** **moins**

Pierre marche	**plus** **aussi** **moins**	*vite* **que** Sophie.
Il se lève	**plus** **aussi** **moins**	*tôt* **que** moi.

3. 최상급 : 형용사 · 부사

- 형용사의 최상급은 plus와 moins 앞에 정관사가 온다.
- 정관사는 형용사의 성 · 수에 일치한다.
- 비교의 대상 앞에 '…중에서'를 나타내는 전치사 de가 사용된다.

le **plus** + + 형용사 + **(de)** **(la, les)** **moins**

Il est **le plus** *grand* **de** sa classe.

Elle est **la plus** *petite* **de** sa classe.

- 부사의 최상급도 plus와 moins 앞에 정관사가 오지만, 부사는 변화하지 않으므로 정관사는 항상 le이다.

le plus + 부사 + **(de)** **le moins**

Il marche **le plus** *lentement.*

Elle marche **le moins** *vite.*

cf. (1) bon은 우등 비교급에서 특수한 형태를 가지며, 최상급에서는 정관사가 붙는다.

meilleur (비교급) **le meilleur** (최상급)

Le vin français est **meilleur** que le vin italien.

Il est **le meilleur** élève de sa classe.

(2) bien도 우등 비교급에서 특수한 형태를 가지며, 최상급에서는 정관사가 붙는다.

mieux (비교급) **le mieux** (최상급)

Il parle **mieux** le français que l'anglais.

Elle chante **le mieux** de sa classe.

4. 불규칙 동사

mettre			
je	met*s*	nous	mett*ons*
tu	met*s*	vous	mett*ez*
il	met	ils	mett*ent*
j'ai	**mis**	je	**mettrai**

EXERCICES

1. 다음 문장에서 동사를 복합과거로 고치시오.

1) Il parle à ses amis.

2) Elle finit son travail sans retard.
3) Nous voyons un film intéressant.
4) Ils sont en France.
5) J'ai de l'argent.
6) Tu prends de la bière.

2. 괄호 안에 알맞은 과거분사를 넣으시오.

1) aimer — ( )　　2) choisir — ( )
2) faire — ( )　　4) voir — ( )
5) mettre — ( )　　5) pouvoir — ( )

3. 괄호 안의 단어를 이용해 알맞은 비교급 문장으로 만드시오.

1) Je pars à 10 heures, ma sœur à 11 heures. (tôt)
2) Michel va en Corée dix fois par an, Pierre aussi. (souvent)
3) Ce café-ci est bon, ce café-là très mauvais. (bon)
4) Il parle bien le français, un peu l'anglais. (bien)

4. 그림을 보고 알맞은 말을 사용하여 예와 같이 복합과거로 말하시오.

dormir sur la table / voir une souris / manger du poisson
boire du lait / être sous la chaise

ex.

Le chat a mangé du poisson.

1)

2)

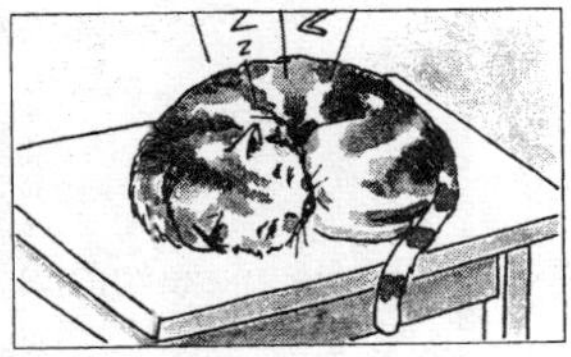

3)

4)

CORRIGES

1. 1) Il a parlé à ses amis.
2) Elle a fini son travail sans retard.
3) Nous avons vu un film intéressant.
4) Ils ont été en France.
5) J'ai eu de l'argent.
6) Tu as pris de la bière.

2. 1) aimé 2) choisi 3) fait
4) vu 5) mis 6) pu

3. 1) Je pars plus tôt que ma sœur.
2) Michel va en Corée aussi souvent que Pierre.
3) Ce café-ci est meilleur que ce café-là.
4) Il parle mieux le français que l'anglais.

4. 1) Le chat a bu du lait.
2) Le chat a dormi sur la table.
3) Le chat a été sous la chaise.
4) Le chat a vu une souris.

UNITÉ 5

Leçon 17

◆ 복합과거 (II)

◆ 근접과거

◆ 불규칙 동사 : devoir

Leçon 18

◆ 직접목적보어 인칭대명사

◆ 의문대명사 (II)

◆ 1군 동사 변칙 변화: acheter

◆ 불규칙 동사: entendre, dire, pouvoir

Leçon 19

◆ 간접목적보어 인칭대명사

◆ 보어 인칭대명사의 위치

◆ 감탄문 : Que ... !

◆ 1군 동사 변칙 변화: espérer

◆ 불규칙 동사 : s'asseoir, écrire offrir, savoir

Leçon 20

◆ 명령문 (II)

◆ 대명사 tout

◆ 1군 동사 변칙 변화: essayer

Unité 5 ……………………Leçon 17

Tu as passé une bonne soirée ?

Marie : Hier, il y a eu une fête chez mon amie. On a dansé toute la nuit.

Mingui : Ah ! Tu es allée à la fête ? Moi, je suis allé au cinéma avec des amis.

Marie : À quel cinéma êtes-vous allés ?

Mingui : Nous sommes allés au cinéma Rex. Quand nous sommes arrivés, nous avons trouvé une salle presque pleine.

Marie : Quel film avez-vous vu ?

Mingui : Nous avons vu un film d'amour : *Le Nom de la Rose*.

Marie : C'est un vieux film ?

Mingui : Non, il vient de sortir. C'est un nouveau film.

Marie : Tu as aimé le film ?

Mingui : Oui, j'ai beaucoup aimé ça. Et toi, tu as passé une bonne soirée ? Tu t'es bien amusée à la fête ?

Marie : Oh, ça a été formidable. Mes amis sont venus chez moi avec leur voiture et nous y sommes allés ensemble. Nous avons bien mangé et nous avons beaucoup dansé. Enfin, nous avons passé une nuit blanche.

Mingui : Tu n'es pas fatiguée aujourd'hui ?

Marie : Si, je suis très fatiguée et j'ai mal partout. J'ai mal à la tête, au bras et aux jambes.

Mingui : Alors, maintenant tu dois te reposer.

Savoir-Parler

Expressions

□ **déjà (≠ ne ~ pas encore)** 이미, 벌써

Il est **déjà** arrivé. (그는 벌써 도착했다.)

≠ Il **n'**est **pas encore** arrivé. (그는 아직 도착하지 않았다.)

J'ai **déjà** fini mon devoir. (나는 이미 내 숙제를 끝냈다.)

≠ Je **n'**ai **pas encore** fini mon devoir.

(나는 아직 내 숙제를 끝내지 않았다.)

□ **presque (= à peu près)** 거의

Il est **presque** toujours en retard. (그는 거의 항상 늦는다.)

C'est **presque** sûr. (거의 확실하다.)

□ **s'amuser** 즐기다

— Vous **vous êtes** bien **amusés ?** (당신들은 잘 즐겼습니까 ?)

— Oh ! oui, nous **nous sommes** vraiment bien **amusés.**
(오 ! 네, 우리는 정말 잘 즐겼습니다.)

□ **formidable** 굉장한, 기막힌

Alors, tu as bien voyagé à Paris ?
(그래, 파리 여행 잘 했니 ?)

— **Formidable !** (기막혔지 !)

C'est un film **formidable.** (기막힌 영화다.)

□ **passer une nuit blanche** 뜬눈으로 밤을 지새우다

Aujourd'hui c'est la veille de Noël.
(오늘은 크리스마스 이브다.)

On va **passer une nuit blanche.**
(우리는 밤을 지새울 것이다.)

□ **avoir mal à** (…이) 아프다

이 표현은 정관사와 함께 신체 부위 명사로 이루어진다.

J'ai mal	**à**	la tête.	(머리가 아프다.)
		la gorge.	(목이 아프다.)
	à	l' estomac.	(위가 아프다.)
		l'oreille.	(귀가 아프다.)
J'ai mal	**au**	bras.	(팔이 아프다.)
		nez.	(코가 아프다.)
	aux	jambes.	(다리가 아프다.)
		yeux.	(눈이 아프다.)

□ **devoir** + *inf.* …해야 한다

부정법과 결합되어 필요 또는 의무를 나타낸다.

Je **dois** *partir* tout de suite. (나는 곧 떠나야 한다.)

Nous **devons** *terminer* ce travail jusqu'à ce soir.

(우리는 오늘 저녁까지 이 일을 끝내야 한다.)

Grammaire

1. 복합과거 (II)

형태 : être 현재 변화 + 과거분사

- 왕래와 상태의 변화를 나타내는 일부 자동사와 모든 대명동사는 être를 조동사로 취한다.
- 조동사가 être일 때 과거분사는 주어의 성·수에 일치한다.

(1) être를 조동사로 취하는 일부 자동사 :

aller — venir		partir — arriver	
entrer — sortir		monter — descendre	
rester — tomber		naître — mourir	

cf. devenir, revenir, rentrer, repartir, retourner, etc.

aller			
je	**suis allé(*e*)**	nous	**sommes allé(*e*)s**
tu	**es allé(*e*)**	vous	**êtes allé(*e*)(*s*)**
il	**est allé**	ils	**sont allés**
elle	**est allée**	elles	**sont allées**

venir	je **suis venu(*e*)** ...	nous **sommes venu(*e*)s** ...
partir	je **suis parti(*e*)** ...	nous **sommes parti(*e*)s** ...
arriver	je **suis arrivé(*e*)** ...	nous **sommes arrivé(*e*)s** ...
entrer	je **suis entré(*e*)** ...	nous **sommes entré(*e*)s** ...
sortir	je **suis sorti(*e*)** ...	nous **sommes sorti(*e*)s** ...
monter	je **suis monté(*e*)** ...	nous **sommes monté(*e*)s** ...
rester	je **suis resté(*e*)** ...	nous **sommes resté(*e*)s** ...
tomber	je **suis tombé(*e*)** ...	nous **sommes tombé(*e*)s** ...
naître	je **suis né(*e*)** ...	nous **sommes né(*e*)s** ...
mourir	je **suis mort(*e*)** ...	nous **sommes mort(*e*)s** ...

(2) être를 조동사로 취하는 모든 대명동사 :

se promener, se laver, se lever, etc.

se promener	
je **me suis promené(*e*)**	nous **nous sommes promené(*e*)s**
tu **t'es promené(*e*)**	vous **vous êtes promené(*e*)(*s*)**
il **s'est promené**	ils **se sont promenés**
elle **s'est promenée**	elles **se sont promenées**

2. 근접과거 : venir de + *inf.*

현재로부터 가까운 과거를 나타내며 '방금 …했다'의 표현이다.

Il **vient de** *rentrer* à la maison.

Elle **vient de** *finir* son travail.

3. 불규칙 동사

devoir			
je	**doi***s*	nous	**dev***ons*
tu	**doi***s*	vous	**dev***ez*
il	**doi***t*	ils	**doiv***ent*
j'ai **dû**		je **devrai**	

EXERCICES

1. 괄호 안의 동사를 복합과거로 변화시키시오.
   1) Elle (rester) ______ à la maison tout le jour.
   2) Nous (arriver) ______ tout à l'heure.
   3) Ils (aller) ______ à la librairie.
   4) Michel et Marie (rentrer) ______ tard hier soir.
   5) Je (se lever) ______ à 7 heures du matin.
   6) Il (se promener) ______ dans la forêt.

2. 다음 문장을 근접과거로 고치시오.
   1) Il sort avec ses amis.
   2) Tu manques le train.
   3) Sophie téléphone à Marie.
   4) Nous fermons la porte.
   5) Ils partent pour la France.
   6) Vous visitez le musée du Louvre.

3. 다음 문장을 예와 같이 말하시오.

ex. Il est déjà parti.

→ *Il n'est pas encore parti.*

1) Ils sont déjà arrivés.
2) J'ai déjà fini mon devoir.
3) Elle est déjà rentrée à la maison.
4) Il a déjà acheté un manteau.
5) Elles sont déjà venues.

4. 그림을 보고 예와 같이 말하시오.

ex.

Où est-ce que tu as mal ?
— J'ai mal à la tête.

1)

2)

3)

4)

CORRIGES

1. 1) est restée
2) sommes arrivé(e)s
3) sont allés
4) sont rentrés
5) me suis levé(e)
6) s'est promené

2. 1) Il vient de sortir avec ses amis.
2) Tu viens de manquer le train.
3) Sophie vient de téléphoner à Marie.
4) Nous venons de fermer la porte.
5) Ils viennent de partir pour la France.
6) Vous venez de visiter le musée du Louvre.

3. 1) Ils ne sont pas encore arrivés.
2) Je n'ai pas encore fini mon devoir.
3) Elle n'est pas encore rentrée à la maison.
4) Il n'a pas encore acheté un manteau.
5) Elles ne sont pas encore venues.

4. 1) Où est-ce que tu as mal ?
— J'ai mal au nez.
2) Où est-ce que tu as mal ?
— J'ai mal à l'oreille.
3) Où est-ce que tu as mal ?
— J'ai mal au ventre.
4) Où est-ce que tu as mal ?
— J'ai mal aux yeux.

Unité 5 ……………………**Leçon 18**

Qui est à l'appareil ?

Mme Vincent : Allô ! Qui est à l'appareil ? Ah ! C'est toi, Pascal. Où es-tu en ce moment ?

M. Vincent : Je suis sorti du bureau. Je suis avec des amis.

Mme Vincent : Qu'est-ce qui se passe ? Pourquoi téléphones-tu ?

M. Vincent : J'ai rencontré notre ami M. Kim. Je veux l'inviter à dîner.

Mme Vincent : Allô ! Je ne t'entends pas bien ! Qu'est-ce que tu dis ? Tu peux parler un peu plus fort, s'il te plaît ?

M. Vincent : M. Kim va venir dîner ...

Mme Vincent : Quoi ! Je ne veux voir personne ce soir, parce que je suis un peu malade.

M. Vincent : Je viens de voir Laurent. Je l'invite aussi.

Mme Vincent : Allô ! Ce n'est pas possible, Pascal. Il n'y a rien pour dîner.

M. Vincent : Je veux aussi inviter Jacques. Tu verras, il est très sympathique. Eh bien, les amis t'aideront à préparer le dîner. Moi, je vais acheter de la viande et du pain.

Mme Vincent : Allô ! Allô ! Comment ?

M. Vincent : Je vais acheter aussi des fruits et du vin. À tout à l'heure, Françoise ! Nous arrivons.

Savoir-Parler

Expressions

□ **Qui est à l'appareil ?**

전화를 받을 때 흔히 쓰는 표현이다.

Allô ! **Qui est à l'appareil ?** (여보세요 ! 누구십니까 ?)

— C'est Michel. (미셸입니다.)

□ **en ce moment (= maintenant)** 지금, 현재

Qu'est-ce que tu fais **en ce moment ?** (너는 지금 뭐하니 ?)

Où sont-ils **en ce moment ?** (그들은 지금 어디 있느냐 ?)

□ **se passer** 일어나다

대명동사로 쓰여 비인칭 구문을 이루기도 한다.

Qu'est-ce qui **se passe ?** (무슨 일이야 ?)

— Il ne **se passe** rien. (아무 일도 없어.)

□ **inviter** *qn* **à** + *qc* / + *inf.* …을 …에 초대하다

Il *m'***invite au** *restaurant*. (그는 나를 레스토랑에 초대한다.)

Je *vous* **invite à** *dîner*. (나는 당신을 저녁 식사에 초대합니다.)

□ **ne ~ personne / ne ~ rien** 아무도 / 아무것도

부정의 뜻으로 ne와 함께 쓰이되 pas는 생략된다.

Il **n'**y a **personne**. (아무도 없다.)

Il **n'**y a **rien**. (아무것도 없다.)

□ **aider** *qn* **à** + *inf.* …이 …하는 것을 돕다

Il *m'***aide à** *porter* ces valises.

(그는 내가 이 가방들을 들어 나르는 것을 돕는다.)

Il **aide** *sa femme* **à** *préparer* le dîner.

(그는 자기 아내가 저녁식사 준비하는 것을 돕는다.)

□ **À tout à l'heure !**

조금 있다 다시 만날 때 흔히 쓰는 표현이다.

Tu restes là ? (너 여기 있을거니 ?) Moi, je m'en vais. (난 간다.)

À tout à l'heure ! (잠시 후에 보자 !)

Grammaire

1. 직접목적보어 인칭대명사

- 단수 1, 2, 3인칭 보어대명사들은 모음과 무성 h 앞에서 모음 생략이 된다.

• 이 보어대명사들은 동사 앞에 위치한다.

je	**me(m')**	nous	**nous**
tu	**te(t')**	vous	**vous**
il	**le(l')**	ils	**les**
elle	**la(l')**	elles	

Qui regarde-t-il ?	Il	**me** **te**	regarde.
Qui regarde-t-elle ?	Elle	**nous** **vous**	regarde.
Qui regardes-tu ?	Je	**le** **la** **les**	regarde.

Attention !

단수 1인칭 보어대명사는 명령문에서 강세형으로 변하고 동사 뒤에 위치한다.

Regarde-**moi** !

2. 의문대명사 (II)

	주 어	직접목적보어	간접목적보어
사람	**qui** **qui est-ce qui**	**qui** **qui est-ce que**	**à qui** **à qui est-ce que**
사물	——— **qu'est-ce qui**	**que** **qu'est-ce que**	**à quoi** **à quoi est-ce que**

(1) 형태

- 사람이나 사물에 따라 각기 단순형과 복합형이 있다. 그러나, 사물을 가리키는 주어 의문대명사는 복합형 뿐이다.
- 복합형 의문대명사를 쓰면 주어와 동사가 도치되지 않는다.

(2) 용법

- qui와 qui est-ce qui는 사람을 나타내며 주어로 쓰인다.

  Qui chante ? (= **Qui est-ce qui** chante ?)
- qui와 qui est-ce que도 사람을 나타내며 직접목적보어로 쓰인다.

  Qui rencontrez-vous ? (= **Qui est-ce que** vous rencontrez ?)
- qu'est-ce qui는 사물을 나타내며 주어로 쓰인다.

  Qu'est-ce qui tombe ?
- que와 qu'est-ce que는 사물을 나타내며 직접목적보어로 쓰인다.

  Que regardez-vous ? (= **Qu'est-ce que** vous regardez ?)
- 전치사 + qui와 전치사 + qui est-ce que는 사람을 나타내며 간접목적보어로 쓰인다.

  À qui pensez-vous ? (= **À qui est-ce que** vous pensez ?)
- 전치사 + quoi와 전치사 + quoi est-ce que는 사물을 나타내며 간접목적보어로 쓰인다.

  À quoi pensez-vous ? (= **À quoi est-ce que** vous pensez ?)

3. 1군 동사 변칙 변화

acheter 동사 변화 활용에서 마지막 e가 무성이 될 때는 그 앞의 e가 [ɛ]로 발음되어야 한다. 따라서 단수 1, 2, 3인칭과 복수 3인칭에서 e에 accent grave (`)가 붙는다.

acheter			
j'	achète	nous	achetons
tu	achètes	vous	achetez
il	achète	ils	achètent
j'ai	**acheté**	**j'achèterai**	

4. 불규칙 동사

entendre	
j'	entends
tu	entends
il	entend
nous	entendons
vous	entendez
ils	entendent
j'ai	**entendu**
j'entendrai	

dire	
je	dis
tu	dis
il	dit
nous	disons
vous	dites
ils	disent
j'ai	**dit**
je	**dirai**

pouvoir	
je	**peux**
tu	**peux**
il	**peut**
nous	pouvons
vous	pouvez
ils	**peuvent**
j'ai	**pu**
je	**pourrai**

EXERCICES

1. 알맞은 직접목적보어 인칭대명사를 사용하여 답하시오.
   1) Vous connaissez mon frère ?
      — Oui, ____________________________.
   2) Tu mets ces vêtements ?

— Oui, ________________________________.

3) Elle regarde la télé tous les soirs ?

— Non, ________________________________.

4) Il m'aime ?

— Non, ________________________________.

5) Vous nous attendez depuis longtemps ?

— Oui, ________________________________.

6) Ils vous comprennent bien ?

— Non, ________________________________.

2. 괄호 안의 동사를 알맞게 변화시키시오.

1) Elle (acheter) ______ une jupe.

2) Qu'est-ce que vous (dire) ______ ?

3) Je vous (entendre) ______ mal.

4) Ils (pouvoir) ______ vous recevoir.

3. 괄호 안에 알맞은 의문대명사를 넣으시오.

1) (   ) tu fais ?

— Je regarde la télé.

2) (   ) vient ?

— Marie vient.

3) (   ) est sur la table ?

— Le livre est sur la table.

4) À (   ) pensez-vous ?

— Je pense à mon examen.

4. 그림을 보고 예와 같이 말하시오.

ex.

Sophie donne un cadeau à Laurent, parce qu'aujourd'hui, c'est son anniversaire.

A : *Qui est-ce ?*

B : *Ce sont Sophie et Laurent.*

A : *Qu'est-ce qu'elle fait ?*

B : *Elle donne un cadeau à Laurent.*

1)

Pierre parle de l'examen avec Anne. Il demande à Anne son cahier.

2)

Marie fait la cuisine. Elle invite Paul. Paul aime beaucoup Marie.

CORRIGES

1. 1) nous le connaissons.
2) je les mets.
3) elle ne la regarde pas tous les soirs.
4) il ne t'aime pas.
5) nous vous attendons depuis longtemps.
6) ils ne nous comprennent pas bien.

2. 1) achète 2) dites 3) entends 4) peuvent

3. 1) Qu'est-ce que 2) Qui
3) Qu'est-ce qui 4) quoi

4. 1) A : Qui est-ce ?
B : Ce sont Pierre et Anne.
A : Qu'est-ce qu'il fait ?
B : Il parle de l'examen avec Anne.
2) A : Qui est-ce ?
B : C'est Marie.
A : Qu'est-ce qu'elle fait ?
B : Elle fait la cuisine.

Unité 5 ····················· Leçon 19

Bon anniversaire !

Mingui : On est le combien, aujourd'hui ?

Daniel : Aujourd'hui, on est le 12 juin.

Mingui : Que le temps passe vite ! Ça fait déjà un an que je suis en France.

Daniel : Tes grands-parents ne te manquent pas trop ? Tu leur écris souvent ?

Mingui : Oui, je leur écris deux fois par mois. Je viens de leur écrire cet après-midi.

Daniel : Tu as quelque chose à faire ce soir ?

Mingui : Mais pourquoi ?

Daniel : Parce qu'aujourd'hui, c'est l'anniversaire de ma sœur Nathalie. J'espère que tu vas venir à la fête avec Michel et Marie.

Mingui : Volontiers ! Alors, je veux offrir un bouquet de fleurs à ta sœur. Qu'est-ce que tu vas lui donner comme cadeau ?

Daniel : Je vais lui donner un sac avec une belle carte.

Mingui : C'est une bonne idée ! Ça va lui faire plaisir. À tout à l'heure !

Mingui, Michel et Marie arrivent chez Daniel. Ils apportent un cadeau pour Nathalie.

Daniel : Tiens, on sonne. Voilà Mingui, Michel et Marie. Asseyez-vous autour de la table.
(Tous ensemble) : Bon anniversaire, Nathalie !
Nathalie : Je ne sais pas comment vous remercier !

Savoir-Parler

Expressions

□ **Ça fait ~ que** …한 지 …이 된다

Ça fait une heure **que** je t'attends.
(너를 기다린 지 한 시간이 된다.)

Ça fait deux ans **que** j'habite à Paris.
(내가 파리에 산 지 2년이 된다.)

□ **manquer à** *qn* …이 그립다

Mes parents *me* **manquent.** (내 부모님이 그립다.)

Ses enfants *lui* **manquent**. (그는 아이들을 보고 싶어한다.)

□ **par mois** 한 달에

Je leur rends visite une fois **par mois.**
(나는 한 달에 한 번 그들을 방문한다.)

Ils se voient deux fois **par mois.**
(그들은 한 달에 두 번 서로 만난다.)

cf. une fois *par* | *jour* 하루에 한 번
| *semaine* 일주일에 한 번

□ **autour de** …의 주위에

La Terre tourne **autour du** Soleil. (지구는 태양 주위를 돈다.)

Il y a des champs **autour du** village.
(마을 주위에 밭들이 있다.)

□ **la date** 날짜 앞에는 정관사를 쓴다.

On est **le combien**, aujourd'hui ? (오늘은 며칠입니까 ?)

— Aujourd'hui, on est **le** 14 juillet. (오늘은 7월 14일입니다.)

cf. 날짜의 숫자는 기수로 쓰지만 매월 1일은 서수로 쓴다.

Aujourd'hui, on est **le** 1er juillet.

달을 말할 때는 전치사 en 또는 au mois de의 표현을 쓴다.

En quel mois sommes-nous ? (몇 월입니까 ?)

— Nous sommes | *en* / *au mois de* | juillet. (7월입니다.)

□ **écrire à** *qn* …에게 편지쓰다

Il **écrit** souvent **à** *ses parents*. (그는 부모님께 자주 편지한다.)

Je *lui* **ai écrit** hier. (어제 나는 그에게 편지했다.)

□ **C'est une bonne idée !**

— Qu'est-ce qu'on fait ce dimanche ?
(우리 이번 일요일에 뭐할까 ?)

— On va à la campagne pour se reposer.
(휴식하러 시골에 가자.)

— **C'est une bonne idée !** (좋은 생각이야 !)

☐ **faire plaisir à** *qn* …을 기쁘게 하다

Cette bonne nouvelle **fait plaisir à** *ses parents.*

(이 좋은 소식은 그의 부모님을 기쁘게 한다.)

Votre cadeau *me* **fait plaisir.**

(당신의 선물이 저를 기쁘게 합니다.)

Les mois de l'année

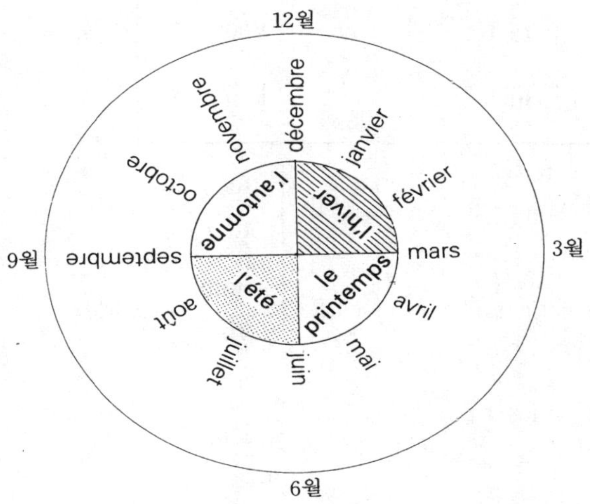

Grammaire

1. 간접목적보어 인칭대명사

- 단수 1, 2인칭 보어대명사들은 모음과 무성 h앞에서 모음 생략이 된다.
- 이 보어대명사들은 동사 앞에 위치한다.

je	**me (m')**	nous	**nous**
tu	**te (t')**	vous	**vous**
il elle	**lui**	ils elles	**leur**

À qui parle-t-il ?	Il	**me** **te**	parle.
À qui parle-t-elle ?	Elle	**nous** **vous**	parle.
À qui parles-tu ?	Je	**lui** **leur**	parle.

Attention !

단수 1인칭 보어대명사는 명령문에서 강세형으로 변하고 동사 뒤에 위치한다.

Parle-**moi** !

2. 보어 인칭대명사의 위치

- 일반적으로 간접목적보어가 직접목적보어 앞에 위치한다.
- 그러나 3인칭끼리 사용될 때는 간접목적보어가 직접목적보어 뒤에 위치한다.

	간·목	직·목	간·목	
주어 (ne) +	**me** **te** **nous** **vous**	**le** **la** **les**	**lui** **leur**	+ 동사 (pas) ~

Il *me* montre *le tableau.* → Il **me le** montre.
Je *lui* montre *le tableau.* → Je **le lui** montre.

Attention !

긍정 명령문에서 보어 인칭대명사는 동사 뒤에 놓이며, 직접목적보어, 간접목적보어 순이 된다. 이 때 me는 moi로 변형된다.

Donnez-**le-moi** !

그러나 부정 명령문에서는 보어 인칭대명사가 원칙대로 동사 앞에 놓이며 다시 간접목적보어, 직접목적보어 순이 된다.

Ne **me le** donnez pas !

3. 감탄문 : Que ... !

평서문 앞에 감탄 부사 que를 쓰고 감탄 부호를 붙이면 감탄문이 된다.

Qu'il fait beau aujourd'hui !

Que je t'aime !

cf. 감탄 부사 comme와 감탄 형용사 quel(*le*)을 사용해서 또한 감탄을 표현한다.

Comme vous êtes gentil !

Quel beau temps ! *Quelle* chance !

4. 1군 동사 변칙 변화

espérer			
j'	esp**è**r*e*	nous	espér*ons*
tu	esp**è**r*es*	vous	espér*ez*
il	esp**è**r*e*	ils	esp**è**r*ent*
j'ai **espéré**		j'**espérerai**	

5. 불규칙 동사

s'asseoir			
je	m'ass**ied***s*	nous	nous asse**y***ons*
tu	t'ass**ied***s*	vous	vous asse**y***ez*
il	s'ass**ied**	ils	s'asse**y***ent*
je me suis **assis**		je m'**assiérai**	

écrire	
j'	écri*s*
tu	écri*s*
il	écri*t*
nous	écri**v***ons*
vous	écri**v***ez*
ils	écri**v***ent*
j'ai **écrit**	
j'**écrirai**	

offrir	
j'	offr*e*
tu	offr*es*
il	offr*e*
nous	offr*ons*
vous	offr*ez*
ils	offr*ent*
j'ai **offert**	
j'**offrirai**	

savoir	
je	sai*s*
tu	sai*s*
il	sai*t*
nous	sa**v***ons*
vous	sa**v***ez*
ils	sa**v***ent*
j'ai **su**	
je **saurai**	

EXERCICES

1. 알맞은 간접목적보어 인칭대명사를 사용하여 답하시오.

1) Vous téléphonez à Marie ?
   — Oui, ______________________________.
2) Il répond à ses parents ?
   — Non, ______________________________.
3) Elle sourit à son petit ami ?
   — Oui, ______________________________.
4) Tu me prêtes cette voiture ?
   — Non, ______________________________.
5) Vous nous donnez un cadeau ?
   — Oui, ______________________________.
6) Ils te parlent de leur voyage ?
   — Non, ______________________________.

2. 다음 문장을 예와 같이 감탄문으로 만드시오.

ex. Il est très gentil.
   → *Qu'il est gentil !*
   Comme il est gentil !

1) Il fait très chaud.
2) Elle est très belle.
3) Je t'aime beaucoup.
4) Cette valise est très lourde.
5) Le temps passe très vite.
6) Ce gâteau est bien délicieux.

3. 다음 문장을 예와 같이 고치시오.

ex. Je vous attends depuis une heure.

→ *Ça fait une heure que je vous attends.*

1) Il habite en France depuis deux ans.
2) Elle est là depuis longtemps.
3) Nous travaillons ici depuis une semaine.
4) Tu es malade depuis trois jours.

4. 그림을 보고 예와 같이 말하시오.

ex.

juillet

En quel mois sommes-nous ?
— Nous sommes en juillet.

1)

février

2)

avril

3)

août

4)

décembre

CORRIGES

1. 1) je lui téléphone.
2) il ne leur répond pas.
3) elle lui sourit.
4) je ne te prête pas cette voiture.
5) je vous donne un cadeau.
6) ils ne me parlent pas de leur voyage.

2. 1) Qu'il fait chaud ! Comme il fait chaud !
2) Qu'elle est belle ! Comme elle est belle !
3) Que je t'aime ! Comme je t'aime !
4) Que cette valise est lourde !
Comme cette valise est lourde !
5) Que le temps passe vite !
Comme le temps passe vite !
6) Que ce gâteau est délicieux !
Comme ce gâteau est délicieux !

3. 1) Ça fait deux ans qu'il habite en France.
2) Ça fait longtemps qu'elle est là.
3) Ça fait une semaine que nous travaillons ici.
4) Ça fait trois jours que tu es malade.

4. 1) En quel mois sommes-nous ? — Nous sommes en février.
2) En quel mois sommes-nous ? — Nous sommes en avril.
3) En quel mois sommes-nous ? — Nous sommes en août.
4) En quel mois sommes-nous ? — Nous sommes en décembre.

Unité 5 ……………… **Leçon 20**

Madame Vincent fait des courses

Mme Vincent : Marie, viens avec moi. Nous allons faire des courses. Le grand sac est sur la table. Prends-le.

Marie : Tout de suite, maman, je viens.

Mme Vincent : Allons d'abord chez l'épicier.

(Chez l'épicier)

L'épicier : Bonjour, Madame. Qu'est-ce qu'il vous faut aujourd'hui ?

Mme Vincent : Donnez-moi deux kilos de pommes de terre et un kilo de sucre, s'il vous plaît.

L'épicier : C'est tout, Madame ?

Mme Vincent : Non, donnez-moi un litre de lait et une livre de beurre.

L'épicier : Voilà, Madame.

Mme Vincent : Combien est-ce que je vous dois ?

L'épicier : Ça fait 80 francs. Merci beaucoup. Au revoir, Madame.

Mme Vincent : Au revoir, Monsieur. Maintenant, nous allons dans un magasin. Je vais t'acheter un pantalon.

(Dans un magasin)

La vendeuse : Vous désirez, Madame ?

Mme Vincent : Montrez-moi un pantalon pour ma fille.

La vendeuse : Combien mesurez-vous, Mademoiselle ?

Marie : Je mesure 1 mètre 65.

La vendeuse : Alors, regardez ce pantalon gris.

Marie : Je peux l'essayer ?

La vendeuse : Tenez, le voilà. Essayez-le.

Marie : Il me va très bien.

Mme Vincent : Alors, prenons-le. Et maintenant, rentrons vite à la maison.

Savoir-Parler

Expressions

☐ **tout de suite** 곧, 즉시

On doit partir **tout de suite**. (곧 떠나야 한다.)

Reviens **tout de suite !** (곧 돌아오너라 !)

☐ **Il faut** *qc* **à** *qn* …에게 …이 필요하다

falloir는 비인칭 동사로 단수 3인칭 형태로만 쓰인다.

*Qu'est-ce qu'***il** *te* **faut ?** (너에게 무엇이 필요하냐 ?)

— **Il** *me* **faut** *de l'argent*. (돈이 좀 필요하다.)

*Qu'est-ce qu'***il** *lui* **faut ?** (그에게 무엇이 필요하냐 ?)

— **Il** *lui* **faut** *du repos.* (휴식이 필요하다.)

☐ **un kilo de / un litre de / une livre de**

	un kilo		sucre. (설탕 1킬로 주세요.)
Donnez-moi	**un litre**	**de**	lait. (우유 1리터 주세요.)
	une livre		beurre. (버터 1파운드 주세요.)

☐ **acheter** *qc* **à** *qn* …에게 …을 사주다

Elle **achète** *une cravate* **à** son mari.

(그녀는 남편에게 넥타이를 사준다.)

Il **a acheté** *des livres* **à** *ses enfants.*

(그는 아이들에게 책들을 사주었다.)

☐ **Vous désirez ?**

Que **désirez-vous ?** <상점에서> (무엇을 찾으세요 ?)

	Monsieur ?	
Vous désirez,	Madame ?	(무엇을 드릴까요 ?)
	Mademoiselle ?	

☐ **mesurer**

'(길이, 넓이, 높이 등이) …이다'라는 뜻으로 사용되는 자동사이다.

Combien **mesures**-tu ? (너 키가 얼마나 되니 ?)

— Je **mesure** 1 mètre 70. (1미터 70이다.)

cf. '(무게가) …이다'라는 표현에는 peser 동사를 사용한다.

Combien *pèses*-tu ? — Je *pèse* 65 kilos.

☐ **essayer**

Je peux **essayer** ce chapeau jaune ?

(이 노란 모자를 써 봐도 될까요 ?)

— Bien sûr. Tenez, **essayez**-le.

(물론이죠. 자, 써 보세요.)

☐ **aller à** *qn* 어울리다, 맞다

Cette cravate *me* **va** bien ?

(이 넥타이가 저에게 잘 어울립니까 ?)

— Oui, elle *vous* **va** très bien.
(네, 당신에게 아주 잘 어울립니다.)

Grammaire

1. 명령문 (II)

- 긍정 명령문에서는 직접 · 간접목적보어 인칭대명사들이 동사뒤에 위치하고, 단수 1인칭에서 me가 moi로 변화하는 것에 유의한다.
- 부정 명령문에서는 보어 인칭대명사들이 동사 앞에 위치한다.

Regardez	**-moi.**	Ne	**me**	regardez pas.
	-nous.		**nous**	
	-le / -la.		**le / la**	
	-les.		**les**	
Parlez	**-moi.**	Ne	**me**	parlez pas.
	-nous.		**nous**	
	-lui.		**lui**	
	-leur.		**leur**	

2. 대명사 tout

단수형 tout는 주로 사물을 가리키거나 간혹 사람도 가리킨다.

Tout est fini.

L'argent n'est pas **tout.**

cf. 복수형 tous와 toutes는 사람과 사물을 가리키며 주어의 성에

일치한다. 이 때 남성 복수형은 [tus]로 발음된다.

Ils parlent **tous** français.

Elles sont **toutes** chez elles.

3. 1군 동사 변칙 변화

ess*ayer*			
j'	ess**ai**(y)*e*	nous	essay*ons*
tu	ess**ai**(y)*es*	vous	essay*ez*
il	ess**ai**(y)*e*	ils	ess**ai**(y)*ent*
j'ai **essayé**		j'**essai(y)erai**	

EXERCICES

1. 예와 같이 긍정 명령문과 부정 명령문으로 고치시오.

ex. Tu m'écoutes bien.

→ *Écoute-moi bien.*

Ne m'écoute pas bien.

1) Vous me laissez tranquille.
2) Tu les attends longtemps.
3) Vous me croyez.
4) Tu nous parles beaucoup.
5) Vous lui écrivez souvent.
6) Tu leur donnes de l'argent.

2. 괄호 안에 대명사 tout의 알맞은 형태를 넣으시오.

1) Ils rentrent (   ) chez eux.
2) Elles parlent (   ) français.
3) C'est (   ), Monsieur ?
4) Elles viendront (   ) vers 10 heures.
5) Ils ont dansé (   ) ensemble.
6) (   ) est facile.

3. 예와 같이 묻고 답하시오.

ex. 1 m 65 (vous)
→ *Combien mesurez-vous ?*
— *Je mesure 1 mètre 65.*

1) 1m 73 (tu)
2) 60 kilos (vous)
3) 1 m 80 (vous)
4) 55 kilos (tu)

4. 그림을 보고 예와 같이 말하시오.

ex.

Combien de sucre voulez-vous ?
— Donnez-moi un kilo de sucre.

1)

2)

3)

4)

CHÂTEAU DE FONTAINEBLEAU (SEINE-ET-MARNE)
SALON LOUIS XIII

CORRIGES

1. 1) Laissez-moi tranquille.
Ne me laissez pas tranquille.
2) Attends-les longtemps.
Ne les attends pas longtemps.
3) Croyez-moi.
Ne me croyez pas.
4) Parle-nous beaucoup.
Ne nous parle pas beaucoup.
5) Écrivez-lui souvent.
Ne lui écrivez pas souvent.
6) Donne-leur de l'argent.
Ne leur donne pas d'argent.

2. 1) tous 2) toutes 3) tout
4) toutes 5) tous 6) Tout

3. 1) Combien mesures-tu ? — Je mesure 1 mètre 73.
2) Combien pesez-vous ? — Je pèse 60 kilos.
3) Combien mesurez-vous ? — Je mesure 1 mètre 80.
4) Combien pèses-tu ? — Je pèse 55 kilos.

4. 1) Combien de pommes de terre voulez-vous ?
— Dommez-moi deux kilos de pommes de terre.
2) Combien de lait voulez-vous ?
— Donnez-moi trois litres de lait.
3) Combien de beurre voulez-vous ?

— Donnez-moi une livre de beurre.

4) Combien de riz voulez-vous ?

— Donnez-moi quatre kilos de riz.

— Le petit Nicolas —

UNITÉ 6

Leçon 21

- ◇ 관계대명사
- ◇ 중성대명사 (II) : le
- ◇ 불규칙 동사: dormir, plaire, vivre

Leçon 22

- ◇ 소유대명사
- ◇ de + 복수형용사 + 복수명사
- ◇ 불규칙 동사 : recevoir

Leçon 23

- ◇ 지시대명사
- ◇ 부사의 형태

Leçon 24

- ◇ 의문대명사 (III)
- ◇ 부정대명사
- ◇ 관계부사 : où
- ◇ 1군 동사 변칙 변화: appeler

Unité 6 ·····················Leçon 21

Promenade au jardin du Luxembourg

Cet après-midi, Michel se promène avec sa sœur au jardin du Luxembourg.

Marie : Il y a beaucoup de monde, aujourd'hui ! Toutes les chaises et tous les bancs sont pris.

Michel : Tant pis ! Il y a des gens qui lisent, d'autres qui se reposent, d'autres qui dorment à l'ombre des arbres.

Marie : Partout il y a des fleurs de toutes les couleurs. Regarde ces fleurs qui sont devant nous. Comme elles sont belles !

Michel : C'est vrai. Leur couleur me plaît beaucoup.

Marie : Surtout, j'aime beaucoup les roses.

Michel : Regarde, j'aime ces marronniers. Ils sont vieux, n'est-ce pas ?

Marie : Oui, ils le sont, mais leurs feuilles sont vertes.

Michel : Tiens, il y a des enfants qui s'amusent avec leurs petits bateaux autour du bassin !

Marie : Là-bas, il y a aussi un palais. Autrefois, une reine a vécu dans ce palais.

Michel : Quelle reine ?

Marie : C'est Marie de Médicis qui est la mère de Louis XIII.

Michel : Il fait un peu chaud. J'ai soif. Allons au café pour prendre des boissons fraîches.

Marie : D'accord, on y va !

Le jardin du Luxembourg

Savoir-Parler

Expressions

☐ **Tant pis ! (≠ Tant mieux !)**

Il n'y a plus de place. (더 이상 자리가 없다.)

— **Tant pis !** (할 수 없지 !)

cf. Tant pis !에 대한 반대의 표현은 Tant mieux !이다.

Il a gagné au jeu. (그는 도박에서 땄다.)

— **Tant mieux !** (잘 됐군 !)

☐ **plaire à** *qn* …의 마음에 들다

Cette nouvelle voiture **plaît** beaucoup **à** *Michel.*

(이 새 자동차가 무척 미셸의 마음에 든다.)

Elle vous **plaît**, cette cravate ?
(이 넥타이가 당신의 마음에 듭니까 ?)

□ **n'est-ce pas ?**

상대방의 긍정적인 대답을 거의 확신하면서 문장 마지막에 쓰는 표현이다.

Il est très riche, **n'est-ce pas ?**
(그는 아주 부자입니다. 그렇지 않아요 ?)
Vous reviendrez demain, **n'est-ce pas ?**
(당신은 내일 다시 오실거죠. 그렇지 않아요 ?)

□ **Tiens !**

상대방의 주의를 환기시키거나 놀라움을 표시하는 감탄사로 사용된다.

Tiens, c'est toi ! (아니, 너구나 !)
Tiens, le temps se lève ! (야, 날씨가 개는군 !)

□ **d'accord**

être 동사와 함께 쓰이면 '찬성하다', '동의하다'의 뜻이 된다.

Il veut voyager avec Pierre et Sophie.
(그는 피에르 그리고 소피와 함께 여행하고 싶어한다.)
Pierre est **d'accord**. (피에르는 찬성한다.)
Mais Sophie n'est pas **d'accord**. (그러나 소피는 반대한다.)

d'accord 단독으로 쓰이면 '좋아', '동의해'의 뜻으로 쓰인다.

Tu vas m'aider ? (나를 도와 주겠니 ?)
— **D'accord !** (좋아 !)

□ **On y va !**

Vous êtes prêt ? (당신은 준비됐습니까 ?)
— Oui, je suis prêt. (네, 준비됐어요.) **On y va !** (갑시다.)
Je veux aller au cinéma. (나는 영화관에 가고 싶다.)
Tu viens avec moi ? (나와 함께 갈래 ?)
— Oui, **on y va !** (그래, 가자 !)

Grammaire

1. 관계대명사

(1) 주격 : **qui**

선행사가 관계절의 주어임을 나타내며 선행사가 사람이든 사물이든 관계 없이 쓰인다.

Je lis ce livre **qui** est très intéressant.

J'ai un ami **qui** habite à Paris.

(2) 목적격 : **que**

선행사가 관계절의 직접목적보어임을 나타내며 선행사가 사람이든 사물이든 관계 없이 쓰인다.

Je lis ce livre **que** Michel m'a donné.

J'ai un ami **que** je rencontre souvent.

2. 중성대명사 (II) : le

(1) 형용사를 대신한다.

Es-tu content ? — Oui, je **le** suis.

(2) 부정법을 대신한다.

Peut-il venir ? — Oui, il **le** peut.

(3) 절을 대신한다.

Est-elle malade ? — Oui, je **le** crois.

3. 불규칙 동사

dormir			
je	dor*s*	nous	dor**m***ons*
tu	dor*s*	vous	dor**m***ez*
il	dor*t*	ils	dor**m***ent*
j'ai **dormi**		je **dormirai**	

plaire			
je	plai*s*	nous	plai*sons*
tu	plai*s*	vous	plai*sez*
il	pla**î***t*	ils	plai*sent*
j'ai **plu**		je **plairai**	

vivre			
je	vi*s*	nous	vi**v***ons*
tu	vi*s*	vous	vi**v***ez*
il	vi*t*	ils	vi**v***ent*
j'ai **vécu**		je **vivrai**	

EXERCICES

1. 다음 두 문장을 관계대명사 qui 또는 que로 연결하시오.
   1) Je connais cette fille. Elle chante.
   2) Voilà le sac. Tu cherches le sac.
   3) J'écris à mon ami. Il habite à Paris.
   4) Le livre est à moi. Il est sur la table.
   5) Voilà la chanson. J'aime cette chanson.
   6) La cravate est jolie. Vous portez la cravate.

2. 다음 물음에 중성대명사 le를 사용하여 답하시오.
   1) Elle est heureuse ?

— Oui, _______________.

2) Vous êtes contents ?

— Non, _______________.

3) Tu es malade ?

— Oui, _______________.

4) Il peut marcher ?

— Non, _______________.

5) Elle peut venir ?

— Oui, _______________.

3. 다음 우리말을 프랑스어로 옮기시오.

1) 나는 아주 친절한 그 소년을 잘 안다. (connaître bien)

2) 제가 당신께 드린 선물이 마음에 드십니까 ? (plaire à *qn*)

3) 내가 읽는 책은 아주 재미있다. (être intéressant)

4. 그림을 보고 예와 같이 말하시오.

ex.

Je veux aller au café.
Tu viens avec moi ?
— D'accord, on y va !

1)

2)

3)

4)

CORRIGES

1. 1) Je connais cette fille qui chante.
2) Voilà le sac que tu cherches.
3) J'écris à mon ami qui habite à Paris.
4) Le livre qui est sur la table est à moi.
5) Voilà la chanson que j'aime.
6) La cravate que vous portez est jolie.

2. 1) elle l'est.
2) nous ne le sommes pas.
3) je le suis.
4) il ne le peut pas.
5) elle le peut.

3. 1) Je connais bien le garçon qui est très gentil.
2) Le cadeau que je vous ai donné vous plaît ?
3) Le livre que je lis est très intéressant.

4. 1) Je veux aller au théâtre.
Tu viens avec moi ?
— D'accord, on y va !

2) Je veux aller au restaurant.
Tu viens avec moi ?
— D'accord, on y va !

3) Je veux aller au musée ?
Tu viens avec moi ?
— D'accord, on y va !

4) Je veux aller à la poste.
Tu viens avec moi ?
— D'accord, on y va !

Unité 6 ····················· Leçon 22

Le journal d'aujourd'hui

Michel et Daniel lisent le journal d'aujourd'hui.

Michel : Y a-t-il quelque chose d'intéressant dans ton journal ?

Daniel : Oui, dans le mien c'est le match de football France-Allemagne. L'équipe française a gagné. Qu'est-ce qu'il y a dans le tien ?

Michel : En première page, les nouvelles politiques.

Daniel : Moi, je ne m'intéresse pas à la politique.

Michel : Voyons, le Président de la République a donné un dîner, les députés ont voté de nouveaux impôts, les employés de chemins de fer vont se mettre en grève, etc.

Daniel : Vite, passe aux sports.

Michel : Attends. Le prix de la vie a augmenté.

Daniel : Tu vois, c'est toujours triste le journal. Regarde donc la page des sports.

Michel : La dernière page, voilà. La boxe, le tennis ...

Daniel : Enfin, il n'y a pas grand-chose dans le tien.

Michel : Viens avec moi. Je vais au café d'en face. Le patron reçoit un autre journal que les nôtres. Là, on va lire le sien.

Daniel : Et moi, je vais boire un café bien chaud.

Savoir-Parler

Expressions

□ **quelque chose de** + 형용사

quelque chose와 같은 부정대명사를 형용사가 수식할 때는 de로 연결된다.

Je veux prendre **quelque chose de** *froid*.

(나는 뭔가 차가운 것을 마시고 싶다.)

Avez-vous trouvé **quelque chose d'***intéressant* dans les petites annonces de ce journal ?

(당신은 이 신문의 구직 광고에서 무엇인가 흥미로운 것을 발견했습니까 ?)

☐ **s'intéresser à** + *qc* / *qn* …에 흥미를 느끼다, 관심을 갖다

À *quoi* **t'intéresses**-tu ? (너는 무엇에 흥미가 있니 ?)

— Je **m'intéresse aux** *films*. (나는 영화에 흥미가 있다.)

À *qui* **vous intéressez**-vous ?

(당신은 누구에게 관심을 갖고 있습니까 ?)

— Je **m'intéresse à** *elle*. (나는 그녀에게 관심을 갖고 있습니다.)

☐ **se mettre en grève** 파업하다

Les employés **se mettent en grève** depuis hier.

(종업원들은 어제부터 파업에 들어갔다.)

Les ouvriers vont **se mettre en grève** pour protester contre les conditions de travail.

(노동자들이 노동 조건에 대해 항의하기 위해 파업에 들어갈 것이다.)

☐ **autre ... que** …과는 다른

J'ai un **autre** appareil photo **que** le vôtre.

(나는 당신 것과는 다른 사진기가 있다.)

Elle a acheté une **autre** robe **que** la mienne.

(그녀는 내것과 다른 드레스를 샀다.)

Grammaire

1. 소유대명사

- 단수 1, 2, 3인칭에서는 피소유물의 성·수에 따라 형태가 변화한다.
- 명사를 대신하며 반드시 정관사를 붙인다.

단 수		복 수	
남 성	여 성	남 성	여 성
le mien **le tien** **le sien**	**la mienne** **la tienne** **la sienne**	**les miens** **les tiens** **les siens**	**les miennes** **les tiennes** **les siennes**
le nôtre **le vôtre** **le leur**	**la nôtre** **la vôtre** **la leur**	**les nôtres** **les vôtres** **les leurs**	

C'est *mon* livre. —— C'est **le mien.**
Ce sont *mes* livres. —— Ce sont **les miens.**
C'est *ma* voiture. —— C'est **la mienne.**
Ce sont *mes* voitures. —— Ce sont **les miennes.**

Attention !

복수 1, 2, 3인칭에서는 그 형태가 동일하고 소유자와 피소유물이 모두 복수일 때는 남·여성의 구별이 없다.

C'est *notre* appartement. — C'est **le nôtre.**
C'est *notre* maison. — C'est **la nôtre.**
Ce sont *nos* photos. — Ce sont **les nôtres.**

2. de + 복수형용사 + 복수명사

복수형용사가 복수명사를 앞에서 수식할 때 부정관사 복수형 des는 de로 바뀐다.

Ce sont **de** *beaux arbres.*

Il y a **de** *belles fleurs* dans le jardin.

cf. 합성어일 경우에는 예외로 부정관사 복수를 쓰기도 한다.

Il y a **des** *jeunes filles* au café.

3. 불규칙 동사

recevoir			
je	**reçoi***s*	nous	**recev***ons*
tu	**reçoi***s*	vous	**recev***ez*
il	**reçoi***t*	ils	**reçoiv***ent*
j'ai **reçu**		je	**recevrai**

EXERCICES

1. 예와 같이 알맞은 소유대명사로 문장을 완성하시오.

   ex. Je lis *mon livre*. Tu lis *le tien*.

   1) J'ai fini mon devoir. Tu as fini ＿＿＿＿＿.
   2) Il prend sa voiture. Elle prend ＿＿＿＿＿.
   3) Elle cherche ses affaires. Ils cherchent ＿＿＿＿＿.
   4) Nous commençons notre travail.
      Vous commencez ＿＿＿＿＿.
   5) Ils nous ont montré leurs photos.
      Nous leur avons montré ＿＿＿＿＿.

2. 본문을 읽고 다음 물음에 답하시오.

   1) Que font Michel et Daniel ?
   2) Est-ce que Daniel s'intéresse à la politique ?
   3) À quoi s'intéresse-t-il ?
   4) Où va Michel ?
   5) Qu'est-ce que Daniel va boire au café ?

3. 괄호 안에 알맞은 전치사를 넣으시오.

1) Il y a quelque chose (   ) nouveau dans les actualités.
2) (   ) quoi vous intéressez-vous ?
3) Ils se sont mis (   ) grève hier.
4) Nous avons mangé (   ) bons gâteaux.
5) Qu'est-ce qu'il y a (   ) ton journal ?

4. 그림을 보고 예와 같이 말하시오.

ex.

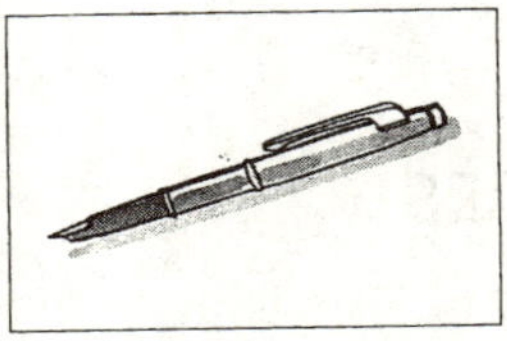

(je)

— *C'est mon stylo.*
— *C'est le mien.*

1)

(vous)

2)

(nous)

3)

(il)

4)

(tu)

CORRIGES

1. 1) le tien 2) la sienne 3) les leurs
4) le vôtre 5) les nôtres

2. 1) Ils lisent le journal d'aujourd'hui.
2) Non, il ne s'intéresse pas à la politique.
3) Il s'intéresse aux sports.
4) Il va au café.
5) Il va boire un café bien chaud.

3. 1) de 2) À 3) en 4) de 5) dans

4. 1) — C'est votre livre.
— C'est le vôtre.
2) — C'est notre maison.
— C'est la nôtre.
3) — Ce sont ses cravates.
— Ce sont les siennes.
4) — Ce sont tes chiens.
— Ce sont les tiens.

Unité 6 ··················· **Leçon 23**

Dans les grands magasins

Mme Vincent : Pardon Madame, où se trouve le rayon des manteaux, s'il vous plaît ?

Une hôtesse : Au troisième étage, au fond à gauche.

Mme Vincent : Merci bien.

Mme Vincent prend l'escalier roulant. Quelques minutes après, elle y est.

Mme Vincent : Bonjour Madame ! Qu'est-ce que vous avez comme manteaux ?

La vendeuse : Un manteau court ou un manteau long ?

Mme Vincent : Ni trop long, ni trop court.

La vendeuse : Tenez, essayez celui-ci, il va très bien comme couleur avec votre jupe.

Mme Vincent : Oh, il est joli. Et maintenant, je veux une robe.

La vendeuse : De quelle couleur, Madame ?

Mme Vincent : Une robe noire.

La vendeuse : Voulez-vous essayer celle-là ?

Mme Vincent : Elle est trop grande pour moi. Avez-vous la taille au-dessous ?

La vendeuse : Malheureusement non, mais j'ai une autre robe qui est à la mode cette année. Celle-ci sera moins grande pour vous.

Mme Vincent : Oh, elle me plaît beaucoup. Elle coûte combien ?

La vendeuse : Elle coûte 250 francs. Ce n'est pas cher du tout. Elle est en solde, mais c'est de la très bonne qualité.

Mme Vincent : Parfait ! Je la prends avec ce manteau.

Savoir-Parler

Expressions

☐ **se trouver** (= **être**)

Où **se trouve** la Tour Eiffel ? (에펠 탑이 어디에 있습니까 ?)

— À Paris. (파리에 있습니다.)

L'hôtel **se trouve** en face de la gare.

(호텔은 역 맞은편에 있다.)

☐ **dans** + 시간

전치사 dans 다음에 시간 개념이 따라오면 '…후에'라는 뜻이 된다.

Dans combien de temps reviendrez-vous ?

(당신은 얼마 후에 돌아올겁니까 ?)

— **Dans** *une heure.* (한 시간 후에요.)

Nous partirons **dans** *une semaine.*

(우리는 일주일 후에 떠날 것이다.)

□ **De quelle couleur ... ?**

색깔을 물을 때 쓰는 표현이다.

De quelle couleur est ta voiture ?

(네 자동차는 무슨 색깔이냐 ?)

— Elle est rouge. (빨간 색이다.)

De quelle couleur sont les pantalons ?

(바지들은 무슨 색깔이냐 ?)

— Ils sont noirs. (검정색이다.)

□ **au-dessous (de) (↮ au-dessus (de))** …밑에, 아래

Le chat est **au-dessous de** la table.

(고양이가 테이블 밑에 있다.)

Je veux la taille **au-dessous.**

(나는 그 사이즈 밑에 것을 원합니다.)

□ **Ça coûte combien ?**

가격에 대한 질문으로 쓰는 표현이다.

Ça coûte combien, cette robe ?

(이 드레스, 이건 얼마입니까 ?)

— Ça coûte 320 francs. (320 프랑입니다.)

Je veux acheter ce livre. (나는 이 책을 사고 싶어요.)

Ça coûte combien ? (얼마입니까 ?)

□ **cher (↮ bon marché)** 비싼

— Ce bijou coûte dix mille francs. (이 보석은 만 프랑입니다.)

— C'est très **cher**. (아주 비싸군요.)

La vie est **chère** à Paris. (파리에서는 물가가 비싸다.)

Grammaire

1. 지시대명사

(1) 단순형

이미 제시된 명사를 대신하며 그 명사의 성 · 수에 일치시킨다.

수 \ 성	남 성	여 성
단 수	**celui**	**celle**
복 수	**ceux**	**celles**

Voici	mon livre. ma serviette. mes gants. mes cravates.	Voilà	**celui** de Michel. **celle** de Mingui. **ceux** de Daniel. **celles** de Pierre.

(2) 복합형

지시 대명사 단순형에 -ci나 -là를 첨가하여 원근을 나타낸다.

수 \ 성	남 성	여 성
단 수	**celui-ci** **celui-là**	**celle-ci** **celle-là**
복 수	**ceux-ci** **ceux-là**	**celles-ci** **celles-là**

Voici deux livres ; **celui-ci** est plus cher que **celui-là.**

Voilà deux cravates ; **celle-ci** est plus jolie que **celle-là.**

Ces arbres-ci sont plus grands que **ceux-là.**

Ces fleurs-ci sont plus belles que **celles-là.**

2. 부사의 형태 : 보통 형용사의 여성형에 어미 -ment를 붙여서 만든다.

heureux	/ heureuse	→	**heureusement**
général	/ générale	→	**généralement**
doux	/ douce	→	**doucement**
exact	/ exacte	→	**exactement**

cf. 위의 규칙에 예외가 되는 경우도 있다.

vrai	→	**vraiment**	joli	→	**joliment**
gentil	→	**gentiment**	évident	→	**évidemment**

EXERCICES

1. 괄호 안에 알맞은 지시대명사를 넣으시오.
   1) Voici ma voiture et (   ) de mon ami.
   2) Il lit son journal et (   ) de son voisin.
   3) Prends tes manteaux et (   ) de Sophie.
   4) Les nuits d'hiver sont plus longues que (   ) d'été.
   5) Voilà deux sacs ; (   ) est plus lourd que (   ).
   6) Voici deux chemises ; (   ) est plus propre que (   ).

2. 괄호 안의 형용사에 해당하는 부사를 쓰시오.
   1) Les enfants marchent (lent) ______________.
   2) Il m'a aidé (gentil) ______________.
   3) Vous l'aimez (vrai) ______________.
   4) Elle parle très (doux) ______________.
   5) Cette voiture roule (rapide) ______________.
   6) Il est midi (exact) ______________.

3. 다음 우리말을 프랑스어로 옮기시오.

1) 하늘은 무슨 색깔이냐 ?

2) 당신은 그 새 만년필을 써 보았습니까 ? (essayer)

3) 이 바지는 나에게 너무 작다.

4) 작년부터 모자가 유행이다. (à la mode)

4. 그림을 보고 예와 같이 말하시오.

ex.

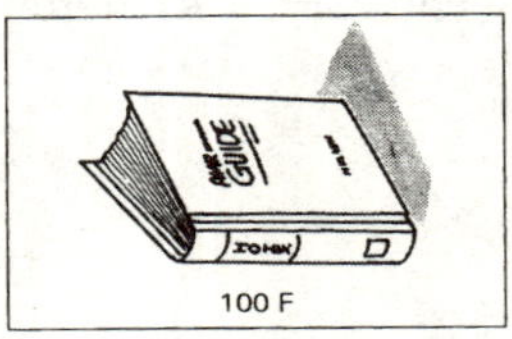

Ça coûte combien, ce livre ?

— Ça coûte 100 francs.

1)

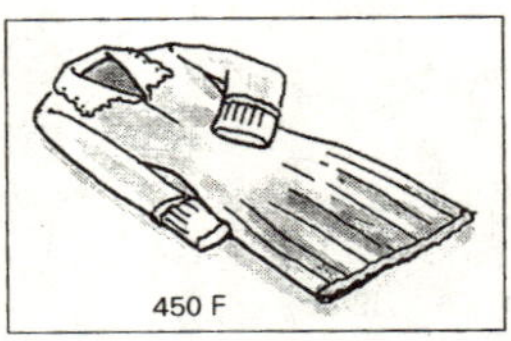

2)

3)

4)

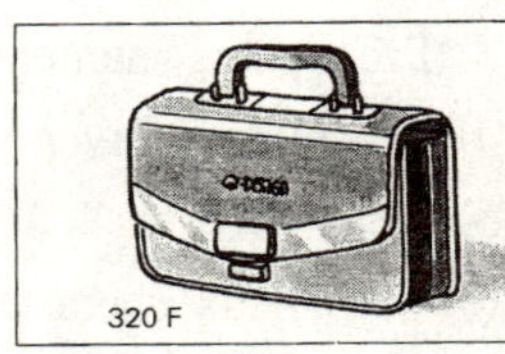

CORRIGES

1. 1) celle 2) celui 3) ceux
4) celles 5) celui-ci, celui-là 6) celle-ci, celle-là

2. 1) lentement 2) gentiment 3) vraiment
4) doucement 5) rapidement 6) exactement

3. 1) De quelle couleur est le ciel ?
2) Avez-vous essayé le stylo neuf ?
3) Ce pantalon est trop petit pour moi.
4) Le chapeau est à la mode depuis l'année dernière.

4. 1) Ça coûte combien, cette robe ?
— Elle coûte 450 francs.
2) Ça coûte combien, ce chapeau ?
— Il coûte 180 francs.
3) Ça coûte combien, cette montre ?
— Elle coûte 1 200 francs.
4) Ça coûte combien, cette serviette ?
— Elle coûte 320 francs.

Unité 6 .... **Leçon 24**

Le français et les francophones

(*Lui* : Un Allemand / *Elle* : Une Anglaise)

Elle : Quelqu'un m'a dit que vous savez plusieurs langues.

Lui : Oui, je sais quatre langues : anglais, allemand, français et espagnol.

Elle : Laquelle est votre langue maternelle ?

Lui : C'est l'allemand.

Elle : Lesquelles parlez-vous le mieux à part ça ?

Lui : L'anglais et l'espagnol. Mais je perfectionne mon français depuis un an.

Elle : Le français ? Pourquoi ?

Lui : Parce que c'est une langue internationale.

Elle : Oh, à côté de l'anglais ...

Lui : C'est vrai que l'anglais est la langue du commerce et des affaires.

Elle : Et aussi de la science et même de la diplomatie.

Lui : Mais savez-vous qu'à l'O. N. U.* le français est utilisé à égalité avec l'anglais ? C'est la langue officielle de nombreux pays d'Afrique.

Elle : Lesquels ?

Lui : Par exemple, le Sénégal, la République Centrafricaine, Madagascar. On les appelle les états francophones, c'est-à-dire ceux où l'on parle le français.

Elle : Combien de francophones y a-t-il dans le monde ?

Lui : Cent millions environ.

Elle : Cent millions, c'est quelque chose ! Où les trouve-t-on ?

Lui : En France, bien sûr. Et puis en Belgique, en Suisse, au Canada, en Algérie, au Maroc, etc. En outre, le français est parlé par pas mal de gens dans le monde entier.

---

* O. N. U. : Organisation des Nations Unies

Savoir-Parler

Expressions

□ **plusieurs**

부정 형용사로 '여럿의', '몇몇의' 뜻이며 항상 복수로 쓰인다.

Je suis venu ici **plusieurs** fois. (나는 여기에 여러 번 왔다.)

부정 대명사로도 쓰이며 사람이나 사물을 지칭하고 항상 복수이다.

Plusieurs sont venus. (여러 사람이 왔다.)

□ **C'est vrai que ...**

'…은 사실이다'의 뜻을 나타내는 구어적 표현이다.

C'est vrai que vous partez demain ?

(당신이 내일 떠난다는 것이 사실입니까 ?)

C'est vrai qu'il est malade. (그가 아프다는 것은 사실이다.)

□ **appeler**

appeler *qn* / *qc* + 속사는 '…을 …라고 부르다'의 표현이다.

On **appelle** la Corée le pays du matin calme.

(한국을 조용한 아침의 나라라고 부른다.)

Si j'ai une fille, je l'**appellerai** Françoise.

(만일 내가 딸이 있다면 프랑스와즈라고 이름을 붙일 것이다.)

cf. '전화로 부르다'의 뜻으로 사용될 때가 있다.

On vous **appelle** au téléphone. (전화 왔습니다.)

Je vais vous **appeler** ce soir.

(오늘 저녁에 당신에게 전화하겠습니다.)

□ **en outre** 게다가

Il écrit des romans et **en outre** des poèmes.

(그는 소설을 쓰고 게다가 시도 쓴다.)

Il est tombé malade et **en outre**, il a perdu sa place.

(그는 병들었고 게다가 일자리도 잃었다.)

□ **pas mal de (= beaucoup de)** 꽤 많은

pas mal de + 명사는 구어체에서 흔히 쓰는 표현이다.

Il y a **pas mal de** livres dans sa chambre.

(그의 방에는 꽤 많은 책들이 있다.)

Aujourd'hui, j'ai **pas mal de** travail à faire.

(오늘 나는 할 일이 꽤 많다.)

Grammaire

1. 의문대명사 (III)

수 ＼ 성	남 성	여 성
단 수	**lequel**	**laquelle**
복 수	**lesquels**	**lesquelles**

- 대체로 사물을 가리키며 드물게 사람을 가리키기도 한다.
- 앞이나 뒤에 놓인 명사와 대명사를 대표한다.
- 관계되는 명사의 성·수에 따라 형태가 변화한다.

  Voici deux livres ; **lequel** lisez-vous ?

  Voilà deux voitures ; **laquelle** prenez-vous ?
- 일반적으로 '…중의 어느 것'의 뜻으로 lequel de ~ 의 표현이 쓰인다.

  Lequel de ces chapeaux préférez-vous ?

  Laquelle de ces cravates préférez-vous ?

2. 부정대명사

(1) **quelqu'un (⍀ personne)**

사람을 나타내는 대명사로 사용되며, 이에 대응하여 부정을 나타내는 대명사는 personne이다.

Il y a **quelqu'un ?**

— Il n'y a **personne.**

대명사 personne는 ne와 함께 쓰이며, pas는 생략된다.

(2) **quelque chose (⍀ rien)**

사물을 나타내는 대명사로 사용되며, 이에 대응하여 부정을 나타내는 대명사는 rien이다.

Il y a **quelque chose ?**

— Il n'y a **rien.**
대명사 rien은 ne와 함께 쓰이며, pas는 생략된다.

3. 관계부사 : où

선행사가 장소를 가리킬 때 관계절은 où로 연결된다.
Voici *la maison* **où** j'habite.
Voilà *la ville* **où** je suis né.
cf. 선행사가 시간을 나타낼 때 관계절의 시간 상황보어를 대신하기 도 한다.
Il est parti *le jour* **où** je suis arrivé.

4. 1군 동사 변칙 변화

appeler			
j'	appel**l***e*	nous	appel*ons*
tu	appel**l***es*	vous	appel*ez*
il	appel**l***e*	ils	appel**l***ent*
j'ai	**appelé**	j'	**appellerai**

EXERCICES

1. 괄호 안에 알맞은 의문대명사를 넣으시오.
ex. Voici des cravates ; laquelle portez-vous ?
1) Voici des films ; ( ) voyez-vous ?
2) Voilà des chansons ; ( ) chantes-tu ?
3) Elle achète des fleurs. ( ) achète-t-elle ?
4) Ils lisent des romans. ( ) lisent-ils ?

5) ( ) de ces manteaux préfères-tu ?
6) ( ) de ces serviettes achetez-vous ?

2. 괄호 안에 알맞은 부정대명사를 넣으시오.

ex. J'ai *quelque chose* à faire.

1) Je n'ai rencontré ( ).
2) J'ai ( ) à vous dire.
3) Il n'y a ( ) à manger.
4) ( ) est venu vous voir.

3. 관계부사 où를 사용하여 한 문장으로 만드시오.

1) Voici l'appartement. Elle habite dans cet appartement.
2) Voilà le pays. Il est né dans ce pays.
3) La montagne est loin d'ici. Vous allez à cette montagne.
4) Voici le café. J'ai rencontré mon ami dans ce café.
5) Ils vont à la bibliothèque. Il y a beaucoup de livres dans cette bibliothèque.

4. 그림을 보고 예와 같이 말하시오.

ex.

(lire)

Voici deux livres ;
lequel lisez-vous ?

1)

(voir)

2)

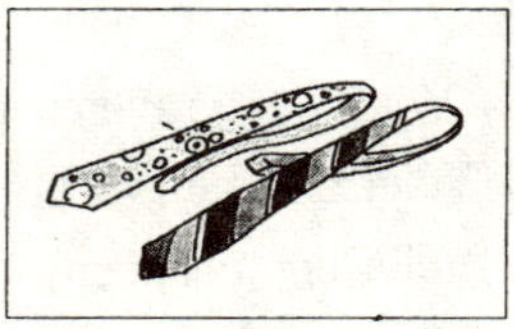

(choisir)

3)

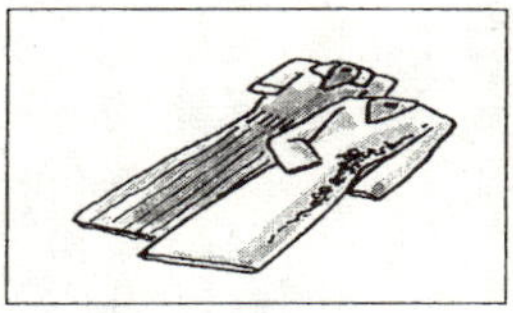

(essayer)

4)

(préférer)

CORRIGES

1. 1) lequel 2) laquelle 3) Lesquelles
4) Lesquels 5) Lequel 6) Laquelle

2. 1) personne 2) quelque chose
3) rien 4) Quelqu'un

3. 1) Voici l'appartement où elle habite.
2) Voilà le pays où il est né.
3) La montagne où vous allez est loin d'ici.
4) Voici le café où j'ai rencontré mon ami.
5) Ils vont à la bibliothèque où il y a beaucoup de livres.

4. 1) Voici deux films ; lequel voyez-vous ?
2) Voici deux cravates ; laquelle choisissez-vous ?
3) Voici deux robes ; laquelle essayez-vous ?
4) Voici deux chapeaux ; lequel préférez-vous ?

기초 실용 프랑스어

지은이 / 서덕렬
발행인 / 차상면
초판1쇄발행 / 1999. 2. 8
초판4쇄발행 / 2008. 9. 2
등록번호 / 제2-1798호
등록된곳 / 서울시 광진구 자양3동 510-5 이튼타워 A동 2302호
발행처 / 도서출판 만 남
전화 (02) 3436-0746
FAX (02) 3436-0747
값 10,000원

ISBN 89-86700-30-1

http : //www.mannam21.co.kr
E-mail : mannampub@hanmail.net